Lizzie Velasquez
Kopf hoch, lächle und sei, wie du bist

Lizzie Velasquez

Kopf hoch, lächle und sei, wie du bist

Eine Ermutigung, die Schönheit des Lebens zu sehen

Aus dem Englischen von Maria Leicht-Rombouts

GerthMedien

Ich widme dieses Buch meinem Bruder
und meiner Schwester, die mit mir durch dick
und dünn gegangen sind. Zusammen mit meinen
Eltern feuern sie mich unermüdlich an.
Danke für alles, was ihr für mich getan habt.
Liebste Grüße
Lizzie

INHALT

VORWORT

Als Lizzie mich bat, das Vorwort zu „*Kopf hoch, lächle und sei, wie du bist*" zu schreiben, fühlte ich mich sofort in meine Jugend zurückversetzt. Ich erinnerte mich an den Moment, als mich zum ersten Mal eine Kritik richtig tief traf. Diese Kritik hinterließ eine so große Wunde, dass sich die emotionalen Ausläufer sogar noch mit 37 Jahren gelegentlich bemerkbar machen.

Wir alle kennen solche Tage, an denen wir uns nicht hübsch genug, schlank genug, oder noch schlimmer – gut genug fühlen. Dieses Streben nach unerreichbaren ästhetischen Vorbildern müssen wir durchbrechen, denn es wirkt sich nicht positiv auf unseren Verstand und unsere Psyche aus. Es ist ein gesellschaftliches Thema, das mittlerweile völlig ausgeufert ist. Nun hat Lizzie den Mut, sich dagegenzustellen.

Lizzies Geschichte ist beeindruckend: Sie hat eine seltene Krankheit, die verhindert, dass ihr Körper Fett ansetzt und schon allein, dass sie geboren werden konnte, war ein Wunder. Doch das noch eindrucksvollere Wunder besteht darin, wie sie es schafft, trotz permanenter Anfeindungen jeden Tag von Neuem mutig Schritt für Schritt weiterzugehen.

Stell dir vor, du würdest jedes Mal, wenn du die eigenen vier Wände verlässt, angeglotzt und die Leute tuschelten hinter vorgehaltener Hand über dich. Ich bewundere Lizzie für ihre Entschiedenheit und wie sie erhobenen Hauptes durch diese Welt geht, die doch so viel Wert auf äußerliche Schönheit legt.

Wenn du nur einen einzigen Punkt aus Lizzies Geschichte und von ihren Ratschlägen mitnimmst, dann hoffe ich, dass es folgender Gedanke ist: Egal in welchen Umständen wir uns befinden, Veränderung ist möglich. Du bestimmst selbst. Du gestaltest deine Zukunft.

An irgendeiner Stelle unseres Lebens befinden wir uns alle in einer Opferrolle, doch das definiert uns nicht als Person. Unser Charakter bildet sich durch die Art und Weise, wie wir mit diesen Situationen umgehen.

Ich bewundere Lizzie Velasquez. Sie ist eine Kämpferin für das dringend notwendige Licht, mit dem wir erkennen können, dass alle Träume erreichbar sind.

Cynthia Lee
(Nachrichtensprecherin/Reporterin,
Fox 29, San Antonio, Texas)

EINLEITUNG

Ich habe ein wunderbares Leben bekommen. Es war nicht immer leicht und noch weniger war es vorhersagbar. Manche Leute mögen vielleicht sagen: „Hey Lizzie, du bist doch erst 23, wie kannst du da schon ein Buch über dein Leben schreiben?" Meine Antwort ist ein Lächeln, ein Kopfnicken und dann denke ich an meinen Lebensweg.

Viel ist in den vergangenen 23 Jahren passiert. Und ich kann ehrlich sagen, dass ich daran nicht das Geringste würde ändern wollen.

Beim Schreiben dieses Buches durfte ich auf alle Ereignisse in meinem Leben zurückblicken, die mich zu dem Punkt gebracht haben, an dem ich heute stehe. Manche treiben mir noch immer Tränen in die Augen. Ich leide mit dem kleinen Mädchen, das doch nur Annahme suchte. Und sehr schmerzhaft war es auch, über das Erlebnis mit dem YouTube-Video zu schreiben.

Erinnerungen brachten wieder neue Erinnerungen mit sich, schlechte und gute. Ich ließ jede Herausforderung und jeden Erfolg Revue passieren, auch alle schönen Zeiten, die ich mit meinen Freunden und meiner Familie erlebt habe. Mit beiden bin ich reich beschenkt.

Während meiner Arbeit an diesem Projekt habe ich für euch alle gebetet. Mein Ziel war es nicht einfach, ein Buch zu schreiben, meinen Namen auf dem Umschlag zu sehen und mich über diese tolle Leistung zu freuen. Vielmehr wollte ich meine Geschichte so erzählen, dass sie jede von euch anspricht und euch zeigt, wie euer Leben besser werden kann.

Mir war es ebenfalls wichtig, euch zu erzählen, wie das Reden mit Gott mir den Mut gab, stets weiterzugehen. Weder behaupte ich, dass Gott dir alles geben wird, was dein Herz begehrt, noch dass dein Leben einfacher oder schwerer wird als meines. Sondern ich sage, dass Gott einen Plan für dich hat und er jeden Tag an deiner Seite ist. Du musst einzig und allein mit ihm reden und ihm zuhören. Gott zeigt uns, wie wir leben sollen – wenn wir es denn zulassen.

Gott liebt uns absolut treu. Er liebt mich und er liebt dich genau so, wie' wir sind: heute, hier und jetzt, egal wo wir stehen und was in unserem Leben gerade los ist. Gott hört unsere Worte und auch das leise Flüstern tief in unserem Herzen. Jedem von uns steht die Möglichkeit offen, in einer einmaligen Beziehung mit Gott zu leben.

Bist du durch eine Person oder eine Sache verletzt worden? Fühlst du dich allein oder einsam? Angstvoll? Unverstanden? Wünschst du dir endlich mal einen einzigen Menschen, der dir wirklich zuhört? Musst du eine Entscheidung treffen, brauchst du Hilfe, um den richtigen Weg zu finden? Ich möchte dir Werkzeuge an die Hand geben, mit denen du jedes dieser Probleme angehen kannst.

Gott hat mir ein wunderbares Leben geschenkt. Gott hat auch *dir* ein wunderbares Leben geschenkt. Du liegst mir am Herzen. Ich möchte dir deutlich machen, dass die einzig entscheidende Frage darin besteht, *ob man Gott kennt oder nicht.*

Ich hoffe, dass du auf deiner Reise vieles findest, was dich zum Lächeln bringt.

KAPITEL 1

Hallo, ich heiße Lizzie |

*„Denn ich weiß genau, welche Pläne ich für euch gefasst habe",
spricht der Herr. „Mein Plan ist, euch Heil zu geben und kein
Leid. Ich gebe euch Zukunft und Hoffnung."*

Jeremia 29,11; NL

Hey Lizzie, Frau Velasquez. Gleich geht's auf Sendung!" Der CNN-Produzent Dan Sterchele lächelte mir von der Tür aus aufmunternd zu, bevor er wieder durch den Gang verschwand. Nach wochenlanger Vorfreude und Vorbereitung befanden wir uns endlich im Inneren des großen Gebäudes des US-Senders CNN mitten in Los Angeles. Es war wahr – und ich hatte mir fest vorgenommen, jeden einzelnen Augenblick zu genießen.

Gestern noch war ich zu Hause bei meinen Eltern in Austin (Texas) gewesen, und heute saßen Mama und ich im Frisier- und Schminkraum, wo wir uns auf mein nächstes großes Fernsehinterview vorbereiteten. Zum Beten schloss ich kurz die Augen und bat Gott, während des Interviews bei mir zu sein und die Nerven meiner Mama zu beruhigen. Sie ist vor Interviews immer so aufgeregt, dass es für uns beide reicht.

Wenige Sekunden später riss ich die Augen auf. Die hellen Lampen an den riesigen Spiegeln erinnerten mich an eine Künstlerumkleide bei einem Filmset in Hollywood. Ich sah zu, wie die Makeup-Künstlerin Aubrey mein Gesicht im perfekten Farbton grundierte. Da ich auf einem Auge blind bin und auf dem anderen nur ein eingeschränktes Sehvermögen habe, fällt es mir manchmal schwer, mich selbst zu schminken. Wenn ich dann später das Haus verlasse, befürchte ich oft, ich könnte wie ein Clown aussehen. Nun ergriff ich die Gelegenheit beim Schopf und stellte alle meine Fragen. Aubrey konnte sie mir ganz wunderbar beantworten und gab mir tolle Tipps, wie man die richtige Menge an Makeup aufträgt, ohne es zu übertreiben.

Daneben wurde meine Mutter rundumversorgt. Und zum Glück sah es so aus, als würde sie sich endlich entspannen.

Ein paar Minuten später – wir sahen beide umwerfend aus – wurden Mama und ich in den *green room* geführt, den Raum, in dem sich die Mitwirkenden der Sendung auf ihren Auftritt vorbereiten. Dort wartete Dan bereits auf uns, um mit uns die Fragen für das Interview vorzubesprechen. Wir setzten uns auf die lange blaue Couch, und er gab mir den Rat, dass ich so tun solle, als seien wir bereits auf Sendung.

Ich atmete tief durch, stimmte zu und setzte mich aufrecht hin. Nun war ich bereit, meine Interviewkünste auszupacken. Wir gingen die Fragen einzeln durch, jedoch mit vielen Unterbrechungen, da wir oft über meine Antworten lachen mussten.

„Das musst du auf jeden Fall sagen – das war richtig gut!", bemerkte Dan immer wieder.

Einige Minuten später erklärte er, man werde uns gleich noch Mikrofone anstecken und ging aus dem Zimmer. Sobald Dan den Raum verlassen hatte, sprang ich auf. Ich wollte noch rasch mein Aussehen überprüfen.

Genau wie im Schminkzimmer war auch der Spiegel im *green room* (der in Wirklichkeit übrigens hellblau war) von großen hellen Strahlern eingerahmt, womit eine Beleuchtung wie bei einem Filmstar perfekt simuliert wurde. Ich trat direkt vor den Spiegel, um einen Blick auf meine Frisur und mein Makeup zu werfen, und war total begeistert.

Meine dunklen engen Jeans saßen super. Meine Bluse in dunklem Orange war genau richtig, obwohl ich mir über die ärmellose Bluse etwas Gedanken machte, weil es in den Studios oft sehr kalt ist. Aber wenigstens sah ich richtig süß aus! Meine lange Kette aus Goldreifen passte perfekt zu meinen großen braunen Klimperohrringen.

Auf Schuhe fahre ich nicht so sehr ab wie eigentlich fast alle anderen Mädchen meines Alters. Wenn man mir ein Paar flache Ballerinas oder Stiefel gibt, bin ich schon glücklich. Doch heute trug ich ein neues Paar hübscher, brauner Lederstiefel. Mit meinen sehr dünnen Beinen ist es mir eigentlich unmöglich, passende Stiefel zu finden, die am oberen Rand gut sitzen. Doch zum Glück hatte ich in der Kinderabteilung ein Paar Stiefel in Größe 34 gefunden, die wie angegossen passten.

Ein Mann betrat den Raum, klemmte ein winziges Mikro vorne an mein Oberteil und testete die Lautstärke mit dem gängigen: „Eins, zwei…" Solche Mikros habe ich bestimmt schon hundertmal getragen, doch dieses Mal war etwas Neues dabei. Er gab mir eine Hörmuschel fürs Ohr – so eine, wie Sänger auf der Bühne sie in ihren Ohren tragen. Cool!

„Alles klar, Lizzie, jetzt geht's auf Sendung!"

Ich blickte meine Mutter an und mein Herz begann zu rasen. Richtig aufgeregt war ich noch immer nicht – es fühlte sich eher an, als stünde ich direkt vor einer verrückten, spaßigen Achterbahnfahrt.

Wir liefen den Gang entlang und blieben vor einer unscheinbaren Tür stehen. Doch als Dan sie öffnete, befand sich auf der anderen Seite eine andere Welt.

Die Kulisse war beeindruckend. Riesige Kameras und Männer mit Kopfhörern standen bereit und warteten. Einen Augenblick lang blieb ich am Eingang stehen und betrachtete die hell erleuchtete Minibühne. Sie stellte ein Wohnzimmer dar mit einem Kaffeetisch, zwei kleineren Stühlen nebeneinander und einem Stuhl ganz links. Mama und ich wurden zu unseren Stühlen geführt. Sobald wir uns hingesetzt hatten, griff Mama nach meiner Hand. Ich spürte, wie meine Aufregung stieg, während ich mir den Raum noch einmal ansah. Die hellen Scheinwerfer, Kameras, Teleprompter und Produzenten waren nur wenige Schritte entfernt, doch in Gedanken konzentrierte ich mich bereits auf die Show.

„Lizzie?", freundlich lächelnd schüttelte der Gastgeber Dr. Drew Pinsky zuerst mir und dann meiner Mutter die Hand. Wie viele Leute in den USA war ich schon jahrelang Fan von Dr. Drew. Damit, dass ich ihn heute persönlich treffen und bei seiner Sendung mitwirken durfte, ging ein lang gehegter Traum von mir in Erfüllung.

Ich atmete tief ein und konzentrierte mich, während der Produzent den Countdown abzählte. Fünf, vier, drei, zwei. Anstatt „eins" zu sagen, zeigte er auf Dr. Drew und die Kameras liefen.

Wir waren auf Sendung, und ich war bereit, meine Geschichte zu erzählen.

Ich heiße Lizzie Velasquez und bin 23 Jahre alt. Ich studiere Kommunikationswissenschaften an der *Texas State University* in San Marcos, USA. Ich liebe kleine Hunde, höre viel Musik und gehe gern mit meiner Familie ins Kino. Außerdem verbringe ich so viel Zeit wie möglich mit meinen Freunden, gehe gerne shoppen – am liebsten Klamotten – und bin manchmal am liebsten einfach nur faul. Außerdem bin ich bekennender Fan von Reality-Shows.

In vielerlei Hinsicht gleiche ich vielen Mädchen meines Alters, aber eine Sache ist anders. Ich habe eine seltene, genetisch bedingte Krankheit und kann deshalb nicht zunehmen. Auf einem Auge bin ich blind und mit dem anderen kann ich nur wenig sehen. Während des Studiums hatte ich zwei große Operationen, bei denen ich unter anderem auch Bluttransfusionen bekam, also das komplette Programm. Und eine ganz normale Erkältung kann mich locker zwei Wochen lang ans Bett fesseln.

Meine Krankheit muss von den Medizinern erst noch erforscht werden. Sie ist so selten, dass es auf der ganzen Welt nur zwei weitere Personen mit dieser Krankheit gibt. Wir wissen nicht, welche Zukunft uns bevorsteht und wie lang wir leben werden.

Derzeit gibt es keine Heilung für mich. Mit 13 Jahren wurde ich in ein Genforschungsprogramm der *University of Texas* aufgenommen, das von Dr. Abhimanyu Garg geleitet wird. Nach seiner Auffassung habe ich eine Form des *neonatalen progeroiden Syndroms*, zu dessen Auswirkungen schnelleres Altern, Fettverlust an Gesicht und Körper und die Rückbildung von Gewebe gehören. Ich wünsche mir, dass dieses medizinische Geheimnis eines Tages das *Lizzie Syndrom* genannt wird.

Meine Krankheit kann ich nicht verbergen – und ich kann mich nicht vor ihr verstecken. Bereits auf den allerersten Blick sieht man mir an, dass ich anders bin, denn obwohl ich den ganzen Tag lang kleine Mahlzeiten esse, bin ich wahrscheinlich der dünnste Mensch, den du je gesehen hast.

Schon viel ist über mich geschrieben worden. Manches davon stimmt, manches nicht. Nein, ich habe keine Essstörung. Meine Eltern lassen mich nicht verhungern. Ja, ich wiege so viel wie eine Drittklässlerin. Und wenn ich nur ein einziges Kilo zunehme, freue ich mich wahnsinnig. Also hat man mich nicht ohne Grund als *die dünnste Frau der Welt* bezeichnet. Ich kann mir überhaupt nicht vorstellen, wie es sich anfühlt, wenn man übergewichtig ist und trotzdem ist mein Gewicht schon mein ganzes Leben lang ein riesiges Thema.

Andere Themen, mit denen ich schon mein ganzes Leben lang umgehen muss, sind Angestarrt- und Ausgeschlossenwerden. Das geht sogar so weit, dass mich Leute, die mich überhaupt nicht kennen, mit hasserfüllten und verletzenden Bemerkungen beschossen haben. Stell dir vor, du wirst gehasst und ausgelacht, nur weil du nicht zunehmen kannst. Doch zum Glück habe ich eine wunderbare Familie und tolle Freunde, die mich lieben, mich unterstützen und immer für mich da sind. Sie verteidigen mich, wenn ich ausgeschlossen werde und lieben mich bedingungslos.

Wir alle sind einmalig – von unserer Haarfarbe bis zu unserer Stimme unterscheiden wir uns voneinander. Sogar zwischen eineiigen Zwillingen gibt es Unterschiede. Das Problem ist, dass manche Menschen nur die Unterschiede sehen. Das ist ganz schön seltsam, denn aus meiner Sicht sind unsere Gemeinsamkeiten größer als unsere Unterschiede.

Jahrelang habe ich mir gewünscht, wie alle anderen auszusehen, aber es gelang mir nicht. Vielmehr musste ich lernen, mich genau so zu lieben und anzunehmen, wie ich bin. Ich hörte auf, mich nach dem zu richten, was die anderen Leute sagen, und begann, mein Leben selbst zu gestalten. Und während ich das tat, durfte ich entdecken, was es bedeutet, den Sinn meines Lebens zu finden, ja sogar meine Leidenschaft. Jeder neue Tag ist eine Chance, für die ich dankbar bin.

Mein Leben ist aufregend. Ich darf meine Geschichte

höchstpersönlich Hunderten von Jugendlichen und jungen Erwachsenen im ganzen Land erzählen. Ich habe Gastauftritte im Fernsehen: In Deutschland war ich bereits in der Sendung *Explosiv*, in Australien bei *Sunday Night*, in den USA bei *The Today Show*, *Inside Edition* und jetzt auch bei *Dr. Drew*. Es ist meine Berufung, meine Geschichte zu erzählen. Das ist meine ganz persönlich Weise, anderen Menschen zu helfen.

Wenn ich nie über die Wut und die Verletzungen hinausgesehen und mich nicht angenommen hätte, wie ich wirklich bin, wären mir diese Möglichkeiten entgangen. Im Rückblick auf meine Kämpfe kann ich erkennen, dass Gott da war. Ich habe es nur nicht immer gemerkt.

Mein Glaube an Gott hat mir in jedem Lebensbereich geholfen, aber ich verspreche, dass ich hier nicht predigen werde und nicht vorschreiben möchte, was du zu glauben hast. Diese Entscheidung liegt bei dir. Ich kann nur ehrlich meine Geschichte erzählen, und weil Gott darin eine große Rolle, ja sogar die Hauptrolle spielt, erwähne ich ihn oft. Ohne ihn könnte ich mir nicht vorstellen, dass du Interesse an mir und meiner Geschichte haben könntest.

Jeden Tag bekommen wir die Gelegenheit, unseren Lebenssinn zu entdecken und einen guten Lebensweg einzuschlagen. Solange ich den Glauben an Gott, ein Lächeln auf den Lippen und echten Stolz auf mein wahres Ich habe, wird sich alles andere zur rechten Zeit finden. Dasselbe gilt für dich. Wenn du deinen Lebenssinn noch nicht gefunden hast, ist das in Ordnung – das wird alles noch werden.

An meinen furchtbar dunklen Tagen hätte ich mir niemals vorstellen können, so glücklich zu werden, wie ich es heute bin.

Nein, mein Leben ist nicht perfekt. Und ja, die Meinung der anderen zählt. Was jedoch am allermeisten zählt, ist, dass ich für mein Ziel lebe. Das Geheimnis meines Erfolgs liegt darin, dass ich meine eigene von Gott geschenkte Einzigartigkeit annehme. Zwar ist das Leben nicht immer leicht, aber es ist das einzige Leben, was ich habe. Und weil ich auf meinem bisherigen Weg viel gelernt habe, möchte ich dir das Gelernte weitergeben.

Ich hoffe, du bleibst am Ball.

Zum Nachdenken

- Denkst du manchmal darüber nach, wie dein Leben derzeit ist und wie du es dir für die Zukunft wünschst?
- Wünschst du dir, dass dein Leben anders wäre? Inwiefern?
- Hast du einen bestimmten Traum?

Gebet zum Mitbeten

Lieber Gott,
ich freu mich so! Heute darf ich meine
Geschichte ein paar ganz besonderen Men-
schen erzählen und ich habe ihnen so viel
zu sagen. Im Herzen weiß ich, dass du jetzt
und hier bei uns bist. Bitte hilf uns, deinen
Segen in unserem Leben zu erkennen und
zu würdigen!
Ich danke dir.
Deine Lizzie

KAPITEL 2

Warum ich?

Gott steht zu euch. Er lässt nicht zu, dass die Versuchung größer ist, als ihr es ertragen könnt. Wenn euer Glaube auf die Probe gestellt wird, schafft Gott auch die Möglichkeit, sie zu bestehen.

1. Korinther 10,13; Hfa

Meine Tante nennt mich Sonnenschein, weil ich immer ein Lächeln auf den Lippen habe. Ich werde oft gefragt, ob gerade etwas besonders Schönes passiert ist. Dann sage ich: Ja! Denn jeden Tag passiert etwas besonders Schönes, auch wenn wir es nicht merken.

Ich lache wahnsinnig gern. Eine Sache, die ich von meinem Vater geerbt habe, ist der Humor. Er hat die Schlagfertigkeit eines Profikomikers. Dass ich selbst einen Witz erzählen kann und echten Humor wertschätze, das hat mir geholfen, innerlich flexibel zu bleiben und über mich selbst und meine Situation zu lachen. Dennoch ist es nicht immer leicht, dran zu denken, dass man lächeln oder lachen sollte, auch wenn das Leben gerade schwer ist.

Oft meinen wir, man müsste alles verstehen. Wir möchten wissen, warum Schlimmes passiert und womit wir das „verdient" hätten. Irgendwann hat sich jeder von uns schon mal gefragt: „Warum ich? Warum passiert ausgerechnet mir immer das Schlimme? Warum muss ich schon wieder eine Enttäuschung einstecken?"

- Es sind Osterferien und all meine Freunde fahren in den Urlaub. Tja, alle außer mir. Ich muss zu Hause bleiben.
- Ich finde meine Locken furchtbar, ich hasse sie. Ich hätte so gern langes, glattes Haar.
- Ich finde mein glattes Haar furchtbar, ich hasse es. Ich hätte so gern Locken.
- Warum hat mein Bruder Autismus? Es ist so ungerecht für mich.
- Warum muss meine Mutter arbeiten?

- Warum hat meine Familie nicht mehr Geld?
- Warum muss mein Leben nur so langweilig sein?

Oder in meinem Fall: „Warum kann ich nicht noch mehr wie die anderen jungen Frauen aussehen? Warum kann ich nicht gesünder sein? Wenn ich schon so anders aussehe und dieses Syndrom haben muss, warum ist dann nicht wenigstens mein Immunsystem stärker? Warum werde ich immer so leicht krank? Warum muss ich auf einem Auge blind sein?"

In meiner Schule gab es Leute, die scheinbar mühelos durchs Leben schwebten. Das wirkte auf mich absolut ungerecht. Und so sorgfältig ich mein Leben auch plante, irgendetwas Unerwartetes kam immer dazwischen.

Manchmal waren es kleine, nervige Dinge, zum Beispiel vor einer Prüfung zu wenig Zeit zum Lernen zu haben, ein schlechtes Gefühl beim Betrachten meiner Frisur oder der Verlust meines Lieblingsarmbands – schon wieder. Nicht selten waren es aber auch große, erschreckende Dinge, die ich selbst nicht beeinflussen konnte. Während die anderen durch die Stadt liefen und Spaß hatten, hing ich in einer Arztpraxis oder einer Notaufnahme fest.

Oft ertappte ich mich bei der Frage, wo denn Gott bei alledem sei. Fällt es ihm überhaupt auf? Weiß er eigentlich, wie schwer das Leben für mich ist? Wozu all dieses Leiden und diese Unsicherheit? Ich *wollte* meinen Glauben an Gott nicht aufgeben, aber manchmal fragte ich mich im Stillen, ob Gott mich nicht bereits aufgegeben hatte.

Es schien, als seien alle anderen glücklicher als ich. Auf jeden Fall waren sie gesünder. Dass ich so oft krank war, zusätzlich zu meinem auffälligen Aussehen, brachte mich oft zu der Frage: „Warum ich?"

Ich fragte mich, ob mein Leben je einen Sinn haben würde. Mein Inneres bestand aus Traurigkeit und unbeantworteten Fragen. Ich ärgerte mich über meine labile Gesundheit und war wütend, dass die Leute mich abstempelten, ohne mich zu kennen, ohne mir eine Chance zu geben.

Jeder Mensch hat Probleme, deshalb bin ich mir sicher, dass du all diese Gefühle bestimmt auch schon mindestens einmal gehabt hast. Denk mal drüber nach, was dir Sorgen bereitet. Manches davon kannst du beeinflussen und manches nicht. Schreibe diese Dinge doch einmal auf, gleich hier ist Platz dafür:

....

....

....

....

....

....

....

....

Manches „Warum ich" ist wirklich absolut berechtigt, anderes weniger. Trotzdem ist jedes „Warum ich" auf deiner Liste wichtig. Vielleicht ist dein Vater gestorben und du vermisst ihn; vielleicht ist deine Familie nach Hamburg gezogen und du vermisst deine Freunde in Süddeutschland; vielleicht ist dein Bruder wegen seiner Arbeit in ein anderes Land ausgewandert. Für solche Dinge bist du nicht verantwortlich. Es sind Situationen, die du nicht beeinflussen kannst. Du hast sie nicht verursacht und du kannst an ihnen nichts ändern.

Andere Dinge kannst du sehr wohl beeinflussen. Vielleicht hast du zu viel Geschmack am Alkohol gewonnen oder würdest gerne mal mit Drogen experimentieren. Vielleicht hast du falschen Freunden zu viel Platz in deinem Leben gegeben.

Kein Leben ist perfekt. Falls du mir nicht glaubst, kannst du den Menschen in deiner Umgebung mal die folgende Frage stellen: „Sag, ist dein Leben perfekt?"

Ich garantiere dir, wenn die Person, die du ansprichst, sich Luft machen möchte oder einfach gesprächig ist, wirst du gleich eine Kostprobe bekommen. Vielleicht setzt ihn gerade sein Chef massiv unter Druck. Oder sie ist gerade durch ihr Examen gefallen. Oder er schaffte gestern seine eigene Arbeit zu Hause nicht mehr, weil er seiner kranken Oma helfen musste.

Sie werden dir erzählen, dass kein Leben perfekt ist. Schlimmer noch: Es ist sogar ungerecht. Sie werden dir versichern, dass sich keiner vorstellen kann, wie viele Probleme sie selbst haben und dass diese Probleme wirklich extrem schlimm sind.

DAS VIDEO „HÄSSLICHSTE FRAU DER WELT"

Früher fürchtete ich mich immer schon beim Aufwachen vor den üblichen starrenden Blicken und dem Getuschel von Fremden. Es war wirklich schwer, ständig mit diesem Verhalten von mir völlig unbekannten Menschen konfrontiert zu sein. Dabei ahnte ich nicht, dass es bald noch viel schlimmer kommen würde – und zwar von einer Sekunde auf die andere.

Eines Tages war ich gerade in der Schule und surfte ein wenig bei YouTube herum, anstatt meine Hausaufgaben zu machen. Eigentlich suchte ich nur nach guter Musik, stolperte dabei jedoch über ein Video einer mir sehr vertrauten jungen Frau. Ich klickte auf den dazugehörigen Link, um das 8-Sekunden-Video anzusehen. Dies sollte einer der wichtigsten Wendepunkte meines Lebens werden.

Ich war total perplex und zugleich völlig geschockt, denn das Video – das bereits über vier Millionen Klicks, tausende Kommentare und keinen Ton hatte – trug die Überschrift: „Die hässlichste Frau der Welt."

Mit diesem Video war ich gemeint.

Der Schmerz, den ich bei diesem Anblick verspürte, lässt sich nicht beschreiben. Stell dir vor, jemand stellt ein Bild von dir ins Internet und stempelt dich als hässlichste Person der Welt ab. Dazu kommen tausende Fremde, die dir Tipps geben, wie du dir etwas antun kannst – nur wegen deines Aussehens. Wie würdest du dich fühlen?

Meine Gedanken wirbelten im Kreis: *Wie können sie nur? Wie können sie es wagen, mir zu sagen, ich solle mir eine Tüte über den Kopf ziehen, damit die Leute nicht mein hässliches Gesicht anschauen müssen? Wie können sie nur fragen, weshalb meine Eltern so ein hässliches Monster nicht abgetrieben haben? Wie können sie es wagen, mir Tipps für einen Selbstmord zu geben?*

Es gab keine Möglichkeit, das Video zu entfernen. Schon beim bloßen Gedanken daran, dass jemand so denken kann, wurde mir schlecht. Ich überlegte, wie ich sie bestrafen könnte. Ich wollte ihnen zeigen, wie sehr sie mich verletzt hatten, wollte, dass auch sie diesen Schmerz spüren sollten. Doch dann beschloss ich, mich auf positive Weise gegen das Video zu wehren, anstatt auf ihr Niveau zu sinken.

Bevor ich jedoch irgendetwas unternahm, musste ich zuerst meinen Eltern von meiner Entdeckung erzählen. Allerdings fiel mir dieser Schritt sehr schwer, denn noch viel mehr als mich selbst wollte ich *sie* vor diesem Video schützen. Ich befürchtete, dass es sie noch viel mehr verletzen würde als mich.

Wie ich es erwartet hatte, waren sie furchtbar entsetzt, doch zugleich setzte bei ihnen auch der Elternreflex ein, und sie versuchten sofort, das Video aus dem Internet entfernen zu lassen. Doch so schrecklich das Video auch war, ironischerweise schweißte es uns enger zusammen: Wir entschieden uns als Familie, diese Situation zum Anlass zu nehmen, unsere Kräfte nur noch mehr zu bündeln. Es stellte einfach eine weitere Hürde auf unserem Weg dar, doch wir würden sie gemeinsam meistern und auf keinen Fall kapitulieren.

WOZU DAS LEID?

Warum müssen wir so viel Schlimmes erleben?

Ehrlich gesagt, weiß ich es auch nicht. Manche Situationen

sind und bleiben ungerecht, wie man sie auch dreht und wendet. An manchen Tagen wirkt das Leben einfach sinnlos. Dann kannst du bloß um Hilfe bitten, verändern, was in deiner Hand liegt und für den Rest nur noch beten. Doch während du all das tust, bleibt die Frage bestehen, wie du emotional gut damit umgehen kannst. Ich möchte dir im Folgenden ein paar Tipps geben, was du selbst tun kannst, wenn du einmal eine schwierige Situation überstehen musst:

- *Fixier dich nicht zu sehr auf dein Leid.* Es ist in Ordnung, bei Schmerzen zu leiden und bei Verlust zu trauern, aber fixier dich nicht auf die Tränen. Mein Vater hat immer zu mir gesagt, dass ich ruhig einmal so richtig weinen darf, anschließend aber einen positiven Aspekt meiner Situation oder in einem anderen Bereich meines Lebens suchen soll. Meine Mutter hat eine ähnliche Methode, mit der sie mir hilft, vorwärtszukommen. Sie gesteht mir ein paar Tage zu, an denen ich mir leidtun darf und in denen sie mich umsorgt, aber dann muss ich wieder aus dem Bett raus und selbst dafür sorgen, dass ich mich besser fühle.

- *Geh unter Leute.* Wenn wir richtig deprimiert sind, können uns andere Leute manchmal froh machen, indem sie uns zum Lachen bringen oder einfach zeigen, dass wir ihnen wichtig sind. Das können sie jedoch nicht tun, wenn du dich in deinem Zimmer verschanzt. Such dir Leute, die du um dich haben möchtest, und lass sie an dich heran.

- *Such dir was, worüber du lachen kannst.* Weißt du, dass durch Lachen die Stresshormone abnehmen, während die Endorphine zunehmen und freigesetzt werden? Endorphine sind die Glückshormone, die Schmerzen verringern und uns fröhlich machen. Da trifft sogar das alte Sprichwort zu: Lachen ist die beste Medizin! Lachen ist wichtig – egal wie dein Tag ist. Und trotzdem kann Lachen sehr schwer sein, wenn es dir richtig schlecht geht. Zwing dich dazu! Ja, du hast richtig verstanden: Wenn du am wenigsten Lust drauf hast, zwing dich dazu, jeden Tag mindestens eine Viertelstunde zu lachen. Warte nicht, bis etwas Lustiges passiert. Lächle einfach und sage: „Ha, ha, ha." Die Forschung hat gezeigt, dass künstliches Lachen quasi den Körper austrickst, denn es werden die gleichen Endorphine ausgeschüttet wie beim richtigen Lachen. Schon fühlst du dich besser. Egal was du durchmachst, es wird dir nicht besser gehen, wenn du das Lachen unterdrückst.

- *Niemand kann beziehungsweise muss alles allein schaffen.* Bitte um Hilfe. Such dir einen einfühlsamen, vertrauenswürdigen Menschen, der dich gern mag und dessen Ratschläge du ernst nimmst, auch wenn sie dir nicht behagen. Mein großes Glück ist, dass ich zwei wunderbare Eltern habe, und ich hoffe, die hast du auch. Ich bete dafür, dass du wenigstens einen Menschen hast, dem du vertraust und der dich lieb hat, egal was passiert. Vielleicht befürchtest du, dass deine Mutter oder dein Vater kein offenes Ohr für dich haben. Dann hoffe ich dennoch, dass die Befürchtung unbegründet ist und sie dich positiv überraschen, wenn es ernst wird. Aber wenn sich deine Befürchtung bewahrheitet und du niemanden hast, an den du dich wenden kannst, dann ist vielleicht eine andere Verwandte, eine Gemeindemitarbeiterin oder eine/die Mutter oder ein/der Vater einer Freundin bereit, dich liebevoll und einfühlsam zu begleiten. Du brauchst sie nur zu fragen.

- *Gewöhn dir an, im Herzen dankbar zu sein.* Zähle all das Gute in deinem Leben auf. Fast jede Situation könnte noch schlimmer sein, deshalb sei dankbar, dass sie es nicht ist.

Nicht alle Probleme sind gleich geartet, aber jedes hat seinen Sinn. Ich kann dir weder beantworten, warum guten Menschen Schlimmes passiert, noch, zu welchem Zweck sich Schlimmes ereignet. Was ich dir jedoch sagen kann, ist, dass wir manche Probleme besser verstehen, wenn wir den Teil der Verantwortung akzeptieren, der bei uns liegt.

Im Leid müssen wir einfach die Zeit und Mühe auf uns nehmen, uns selbst besser kennenzulernen. Wir müssen üben, mit Problemen umzugehen, auch wenn wir uns am allerliebsten nur im Bett verkriechen würden. Unsere Probleme sind nicht alle gleich, aber manches gilt für alle Probleme: Wichtig ist, wie du mit deinen Nöten umgehst. Wenn du in einer Situation steckst, die deine Aufmerksamkeit verlangt, dann wird sie durch Ignorieren sicher nicht verschwinden. Genauso wenig funktionieren Wut, Frust, den anderen die Schuld in die Schuhe zu schieben oder Selbstmitleid. Was hingegen funktioniert, ist, dich selbst zu mögen. Dich selbst anzunehmen und einen Plan zu schmieden.

Ich hoffe, du musst nie dasselbe durchmachen wie ich, doch denk dran, Gott hat uns nie ein leichtes Leben versprochen. Vielmehr hat er versprochen, dass seine Gnade den Sinn und die Richtung unseres Lebens verändern wird. Der Glaube an seine Liebe wird dein Leben verändern, so wie sie schon jahrhundertelang das Leben der Menschen verändert hat. Seine Botschaft bleibt fest, seine Liebe ist unerschütterlich.

Zum Nachdenken

- Meinst du, die anderen haben ein besseres Leben als du? Warum?
- Denk an das letzte Mal, als etwas schiefging. Wie bist du damit umgegangen? Hast du die Verantwortung übernommen, die bei dir lag? Hast du dir für das nächste Mal etwas vorgenommen, einen Plan gemacht?
- Wem vertraust du deine Geheimnisse an?

Gebet zum Mitbeten

Lieber Gott,

danke für alles, was du uns gibst. Heute hätte ein super Tag werden können, aber ich fühle mich etwas deprimiert. Ich mache mir alle möglichen Sorgen. Ich weiß, dass ich die guten Dinge als selbstverständlich betrachte – so oft vergesse ich, für wie viel ich dankbar sein kann.

Da will ich mich bessern, versprochen. Ich weiß, dass ich dir vertrauen und für viele Dinge dankbar sein kann. Danke, dass du mir zuhörst.

Deine Lizzie

KAPITEL 3

Neuanfang

Denn ich urteile nach anderen Maßstäben als die Menschen. Für die Menschen ist wichtig, was sie mit den Augen wahrnehmen können; ich dagegen schaue jedem Menschen ins Herz.

1. Samuel 16,7; Hfa

Jahrelang ist es mein Ziel gewesen, auszusehen wie alle anderen. Ich hatte einen genauen Plan: Wenn ich normaler aussehe, werden die Leute mich mögen. Wenn die anderen mich mögen, kann ich mich auch selbst mögen.

Ich konnte weder in die Schule noch in den Supermarkt, in kein Restaurant und keinen Freizeitpark gehen, ohne dass die Leute wie angewurzelt stehen blieben, mich von oben bis unten musterten oder sogar auf mich zeigten. Man sollte meinen, dass solche Erlebnisse mit den Jahren leichter zu ertragen seien, aber das war nicht der Fall.

Ich versuchte natürlich, die Blicke zu ignorieren, doch statt leichter wurde es zunehmend schwerer. Obwohl ich mir die größte Mühe gab, sah ich im Spiegel immer wieder dasselbe alte Ich. Tolles Haar und ein gewinnendes Lächeln, doch sonst hatte sich nichts verändert.

In der zehnten Klasse schaffte ich es sogar ins Cheerleader-Team unserer Schule. Das Anfeuern und all die schönen Dinge drum herum machten mir riesigen Spaß. Dennoch zweifelte ich manchmal an mir selbst, weil ich mich nicht so hübsch fand wie die anderen Mädels im Team. Und weil mich die anderen Mädels mit ihrem hübschen Äußeren einschüchterten, traute ich mich lange Zeit nicht, meine echte Persönlichkeit zu zeigen. Ich ließ mich von der Schattenseite meines Syndroms überrollen.

Ich konnte beten, so viel ich wollte, nie sah ich beim Aufwachen plötzlich so aus wie alle anderen. Ich versuchte, mich zu verkleiden, doch keine der coolen Markenklamotten passte so richtig an meinen dünnen Körper. Folgendes bildete ich mir ein: Wenn ich nur mal einen Tag lang nicht angestarrt und nicht aufgrund meines Aussehens verurteilt werde, dann wird sich alles wie von Zauberhand ändern. Doch weder das eine noch das andere geschah.

Ich bekam es satt, mich von Fremden definieren zu lassen, denn innerlich wusste ich, dass ich ein tolles Mädel mit einer lustigen Persönlichkeit bin. Und von da an wuchs meine Bereitschaft, *mich selbst* zu definieren, und zwar als das clevere, fröhliche, mutige Mädel, das ich so gut kannte.

Damit kam die Frage auf, ob ich mich genau so, wie ich bin, mögen konnte. Konnte ich mein Aussehen akzeptieren? Konnte ich aufhören, auf die Liebe der anderen zu warten, und, ja genau, mich einfach selbst lieb haben? Konnte ich meine Sicht auf das Leben ändern? Konnte ich gleich damit anfangen?

Die Antwort – die unglaubliche Antwort – lautete *Ja*. Ja, ich konnte aufhören darüber nachzudenken, was bei mir nicht stimmt, und mich auf das konzentrieren, was gut ist. Mein Aussehen ist nur ein winziger Ausschnitt von dem, was ich bin. Es war wichtig, dass ich die Leute nicht mehr anhand meines Aussehens über meinen ganzen Charakter urteilen ließ. Denn mein Aussehen kann ich nicht ändern, aber ich kann den Leuten all das zeigen, was es an mir Liebenswertes gibt. Ich konnte endlich aufhören zu warten und anfangen zu leben. Ich konnte nach außen klar und deutlich zeigen, dass ich mich selbst gern mag.

Es gab kein großes „Aha"-Erlebnis, das mich inspirierte, mich selbst zu mögen und so anzunehmen, wie ich bin. Sondern mir ging einfach die Kraft aus, mich weiter zu hassen. Es ist ganz schön anstrengend, sich die ganze Zeit über sich selbst zu ärgern.

Und nachdem ich meine Haltung mir selbst gegenüber geändert hatte, war ich bereit, der Welt zu zeigen, wie man mit mir umzugehen hat.

VORNE ANFANGEN

In meinem elften Schuljahr, als ich bereits in der Oberstufe war – noch bevor ich das YouTube-Video sah –, entschloss ich mich, meine Energie auf neue, andere Weise zu nutzen. Und ich begann damit, alles aufzuschreiben, was mich froh macht und wofür ich dankbar bin.

LIZZIES LISTE

- Meine Familie, die mich lieb hat, egal was passiert
- Meine Hunde (Bitsy und Sadie)
- Eine gute Note in der Schule
- Zeit mit meinen Freunden
- Mein MP3-Player
- Positiv eingestellte Leute, die mit mir ihr Leben teilen
- Ein Gott, der mich bedingungslos liebt

Was würde auf deiner Liste stehen? Schreib es hier auf:

✏️ ....

....

....

....

....

....

....

....

....

....

....

....

....

Zwölf Dinge, für die ich dankbar bin:

🖋 ....

....

....

....

....

....

....

....

....

....

....

....

....

Und weil das Leben sich beständig ändert, füge ich zu meiner Liste immer mal wieder etwas Neues hinzu. Und wenn ich mal einen schlechten Tag habe, setze ich mich hin und lese meine Liste durch, sofort kann ich wieder lächeln. Nachdem ich mit dem Schreiben dieser Liste begonnen hatte, begriff ich recht schnell, dass es unmöglich ist, gleichzeitig traurig und dankbar zu sein. Deshalb veränderte die Dankbarkeit fast wie auf Knopfdruck mein Denken und Fühlen gegenüber allen Dingen.

Natürlich bin ich bei bösen Bemerkungen noch immer verletzt, aber die Verletzung hält nicht mehr so lange an, weil ich nun die Meinung der anderen von meiner Meinung trenne. Die Welt um mich herum hat sich durch meine andere Einstellung natürlich nicht geändert, doch anstatt mich auf die negative Meinung der anderen zu fixieren oder nur das wahrzunehmen, was mich unglücklich macht, hatte ich nun mein wichtigstes Spiel entdeckt, nämlich jeden Tag etwas zu finden, wofür ich dankbar bin. Ich spielte nicht mehr das Wartespielchen, ich ließ nicht mehr die anderen über meine Tagesverfassung bestimmen.

BITTE GOTT UM HILFE

Als Nächstes gewöhnte ich mir an, morgens vor dem Aufstehen zu beten. Es fühlte sich ganz natürlich an, das Gespräch mit Gott zu suchen; immerhin war ich bei Eltern aufgewachsen, die jede Woche mit mir in die Kirche gingen. Ihnen war es sehr wichtig, mir zu vermitteln, dass Gott mich genauso liebt wie jeden anderen Menschen auch. Meinem Gefühl nach hatte ich auch zuvor bereits eine Beziehung zu Gott gehabt, doch in Wirklichkeit hatte ich ihm immer nur meine Wunschliste gezeigt. So sieht keine echte Beziehung zu Gott aus – so behandelt man ihn nur, als wäre er der Weihnachtsmann.

In meinem neuen Morgengebet möchte ich nicht nur auswendig gelernte Gebete aufsagen (auch wenn ich die wunderbaren, vorformulierten Gebete wie das Vaterunser sehr mag). Genauso wenig möchte ich nur meine Wunschliste herunterleiern. Vielmehr erzähle ich Gott von meinen tiefsten Gefühlen, Sehnsüchten und Gedanken. Ich erzähle ihm, was gerade los ist und wie ich mich dabei fühle. So reflektiere ich meine Erlebnisse im Gespräch mit ihm, und wenn mir dabei auffällt, dass ich anderen die Schuld gebe, halte ich inne und beginne von vorn. Gott ist wunderbar, denn bei ihm bekommen wir jederzeit einen Neuanfang.

Ich bete für meine Familie und Freunde, dass Gott ihnen einen guten Tag schenken möge, und danke ihm dafür, dass er sie in mein Leben gestellt hat. Ich bitte Gott um Hilfe, mich auf das zu konzentrieren, was ich an dem Tag schaffen möchte, und nicht der Verlockung nachzugeben, meine Zeit in sozialen Netzwerken zu vertrödeln und mit Freunden zu simsen, nur um den neuesten Klatsch und Tratsch zu erfahren. Nachdem ich mit diesem regelmäßigen Morgengebet begonnen habe, verstehe ich mich selbst und andere nach und nach immer besser, Gottes Liebe und Treue zu mir werden mir immer kostbarer, und ich lerne mehr und mehr, meine Liebe zu ihm auszudrücken.

Dankbarkeit hat immer dieselbe Auswirkung: Sie füllt unser Herz mit Freude. Ich habe mir deshalb angewöhnt, innezuhalten und ganz genau nachzudenken, was ich eigentlich sagen wollte, sobald ich mich selbst beim Jammern erwische. Diese Gespräche mit Gott verändern immer mehr meine innersten Gedanken. Ich trainiere auch jetzt immer noch, das Positive in meinem Leben wahrzunehmen und Gott dafür zu danken. Und so fällt es mir mit jedem Tag leichter, das Gute zu entdecken.

Doch mein Gespräch mit Gott ist mit meinem Morgengebet nicht beendet. Ich rede eigentlich den ganzen Tag lang mit ihm. Damals in meiner Schulzeit habe ich kurze Augenblicke zwischen den Unterrichtsstunden und dem Schulweg hin und zurück zum Beten genutzt und mir wurde klar, dass jeder Moment zu einem besonderen Moment in Gottes Gegenwart werden kann. Dies ist mir mittlerweile in Fleisch und Blut übergegangen und wurde für mich zu einem Lebensstil. Denn ich merkte einfach, dass, je mehr ich das Positive suchte, meine gesamten Sinne für die schönen Dinge in meiner Umgebung empfänglich wurden wie zum Beispiel den Himmel und die Blumen, die überall blühen. Je mehr ich wahrnahm, desto bewusster wurde mir, dass Gott überall zu finden ist.

Je tiefer wir Gottes Liebe zu uns verstehen, desto mehr Zeit möchten wir mit ihm verbringen. Je mehr Zeit wir in seiner Gegenwart verbringen, desto größer werden unsere Freude und unser innerer Friede.

LÄCHELN, LÄCHELN, LÄCHELN

Wie ich in Kapitel 2 erwähnt habe, macht Lachen glücklich. Ich habe mich bewusst bemüht, mehr zu lächeln – egal ob mir danach zumute war oder nicht. Je mehr ich lächelte, desto besser fühlte ich mich und es wurde mir rasch zu einer Gewohnheit. Nun brauche ich mich gar nicht mehr *anzustrengen,* um viel zu lächeln – es ist ein Teil von mir geworden.

Meine Umgebung hat sich nicht geändert, sondern ich mich selbst. Noch immer zeigen die Leute mit dem Finger auf mich, gaffen mich an und machen dumme Bemerkungen. Noch immer verletzen mich die gemeinen Sprüche. Doch nun kann ich diesen Gefühlen etwas entgegensetzen. Es gibt so vieles, wofür ich dankbar sein und worüber ich lachen darf. Das kann ich sogar mit meiner Liste belegen!

Wir alle müssen uns mögen und wertschätzen und hier und jetzt anfangen zu leben, anstatt zu warten, bis alles um uns herum perfekt geworden ist. Es spielt keine Rolle, was du bisher über dich gedacht hast und was andere dir sagen. Ich habe eine Botschaft für dich: *Wenn du Gott liebst und dein Herz für ihn öffnest, wird sich dein Leben verändern.* Auch der kleinste Schritt auf Gott zu wird von seiner Gnade belohnt.

Du kannst deinen eigenen Weg zum Glück finden, indem du durch dein Gebet den Kontakt zu Gott herstellst. Nötig ist einzig und allein deine innere Offenheit. Gott möchte dir genau da begegnen, wo du gerade stehst.

Gott möchte, dass du dich geliebt weißt.

Zum Nachdenken

- Nenne vier Dinge in deinem derzeitigen Leben, von denen du dir wünschst, dass sie anders wären.
- Nenne eine Sache, die du vor dir herschiebst. Woran liegt es, dass du sie nicht erledigst?
- Was ist das Wichtigste, das Gott von dir wissen sollte?

Gebet zum Mitbeten

Lieber Gott,
dass ich dich habe und dir vertrauen kann,
ist in meinem Leben wahnsinnig wichtig.
Ich weiß, dass du die Gebete aller Menschen
hörst, die sich an dich wenden und die in
ihrer Not zu dir kommen. Danke, dass du
uns immer liebst, gleichgültig was wir dir zu
sagen haben.
Deine Lizzie

KAPITEL 4

Uns selbst mögen

So schuf Gott die Menschen nach seinem Bild, als Gottes Ebenbild schuf er sie.

1. Mose 1,27

Meine Zeit mit Gott jeden Morgen brachte eine positive Wende. Wenn ich unglücklich aufwachte, war ich einfach still und horchte. Diese Stille war genauso hilfreich und produktiv wie die Tage, an denen ich drauflosplapperte und über mein Leben, meine Hoffnungen und Träume, aber auch über mein Scheitern redete. Ich spürte, dass ich tagsüber ruhiger, geduldiger und weniger wütend war. Die Dinge brachten mich nicht mehr so schnell aus der Fassung. Ich war entspannter und ausgeglichener.

Dennoch war meine Arbeit damit nicht beendet: Ich musste mich innerlich annehmen und mir ein besseres Selbstbewusstsein aufbauen. Das Gute aufzuzählen war bereits zu einer meiner festen Gewohnheiten geworden, die mir half, das Lächeln beizubehalten, aber trotzdem machte ich mir manchmal noch sehr große Sorgen um mein Aussehen. Einer meiner größten Fehler war, dass ich mich mit anderen verglich. Wenn ich eine meiner Freundinnen oder ein unbekanntes Mädel sah, schoss mir ganz automatisch durch den Kopf, dass sie viel schönere Haare hat, oder ich verglich ihre Klamotten und ihre Schminke mit meiner.

Ich begann zu ahnen, dass ich selbst der Grund für all meine schlechten Gedanken war. Alles lief in *meinem* Kopf ab und keiner außer *mir* konnte etwas dagegen tun. Jedes Mal, wenn ich mich mit jemand anderem verglich, drückte ich nun innerlich die Stopptaste und rief mir wenigstens eine gute Sache über mich selbst ins Gedächtnis. So kehrte ich das Negative ins Positive. Sah ich ein Mädchen, das in seinen Jeans besser aussah als ich, sagte ich mir selbst: „Zumindest sieht meine Frisur heute richtig gut aus!"

Auf diese Weise wurde mir bewusst, wie viel Zeit ich mit Vergleichen verbracht hatte und das wiederum half mir sehr, meinen Blick auf mich selbst zu ändern.

Die Zeit war gekommen: Zeit, meine Gedankengänge zu verändern; Zeit, dass ich nicht mehr anderen Leuten die Schuld für meine Traurigkeit gab; Zeit, mich selbst nicht ständig anzuklagen. Ich wünschte mir, eine Taste drücken zu können und – *schwuppdiwupp* – plötzlich selbstbewusst zu sein. Aber das klappte natürlich nicht. Es war eher so, als würde man ein kleines Pflänzchen gießen und auf die Blüte warten.

Eines Morgens beim Aufwachen bat ich Gott mir zu helfen, mein Denken über mich selbst zu verändern. Ich wurde zwar immer besser darin, das Positive zu sehen, doch noch immer glaubte ich sehr schnell an das Negative.

In meiner Vorstellung war mein Problem wie ein großer Felsbrocken, der vor mir auf der Straße lag. Der Felsbrocken stand für meine negativen Gedanken. Ich musste entweder über ihn klettern oder ihn von der Straße wegschieben. Auch wenn ich nicht wusste, wie ich es anstellen sollte, wollte ich doch unbedingt die andere Seite erreichen.

Da kam mir die Idee, all meine guten Eigenschaften aufzulisten, quasi als Bestandsaufnahme. Zwar wusste ich, dass ich welche hatte, aber sie kamen mir normalerweise nur einzeln in den Sinn, nie alle zusammen. Das war auch in Ordnung so, aber jetzt brauchte ich unbedingt einen großen Überblick. Deshalb beschloss ich, sie aufzuschreiben, um sie alle gemeinsam vor Augen zu haben. Und das war mein Ergebnis:

LIZZIES „ICH-MAG-MICH-LISTE"

- Ich habe schönes, langes Haar.
- Ich habe ein freundliches Lächeln.
- Ich bin interessant.
- Ich habe ein gutes Gespür für Stilfragen.
- Ich habe einen super Humor.
- Ich lerne gern neue Leute kennen.
- Ich bin loyal.
- Ich bin zuverlässig.
- Ich bin eine nette, lustige Gesprächspartnerin.
- Ich bin ehrlich.
- Ich bin rücksichtsvoll und aufmerksam.
- Ich erzähle gern meine Lebensgeschichte.
- Ich bin eine sehr gute Freundin.
- Ich bin hilfsbereit, wenn jemand in Not ist.
- Ich bin willensstark.
- Ich bin ehrgeizig.

Zuerst konnte ich kaum glauben, was da alles auf meiner Liste stand. Immer wieder krochen Zweifel hoch, doch ich hielt mich daran fest, dass jeder einzelne Punkt stimmte und dass ich nur lernen musste, es zu glauben.

So, und jetzt bist du dran. Was magst du an dir? Es kann alles Mögliche sein! Es kann deine Intelligenz, dein Lächeln oder deine Höflichkeit sein (weil du immer dran denkst, dich zu bedanken und für die Person hinter dir die Tür aufhältst). Es kann deine organisatorische Begabung, dein super Gedächtnis, dein liebevolles Herz für andere oder deine Ehrlichkeit sein.

Es dürfen auch deine langen Wimpern sein oder wie genial dein Haar im Pferdeschwanz aussieht, wie sportlich du bist oder der Klang deines Lachens. Alles ist erlaubt. Denk an deine Erfolge. Auf der nächsten Seite darfst du alles aufschreiben, worin du gut bist – deine Begabungen und Fähigkeiten. Welche Komplimente hast du schon mal bekommen? Hab keine Sorge, dass es eingebildet klingt – jeder hat das Recht, sich auch mal ein paar Minuten lang selbst zu loben.

Wenn es dir sehr schwerfällt, überhaupt Dinge für die Liste zu finden, dann kannst du eine nahestehende Person um Hilfe bitten. Frage, was er oder sie an dir mag, und schreib das schon einmal auf. Und wenn dann erst der Knoten geplatzt ist, wird dir das Schreiben von Punkt zu Punkt leichter fallen, denn aus einer Idee ergibt sich die nächste.

MEINE „ICH-MAG-MICH-LISTE"

Wenn du (vorläufig) mit deiner Liste zufrieden bist, lies sie noch einmal durch, und noch einmal und noch einmal, so lange, bis sie ein Teil von dir geworden ist. Je mehr du anerkennst und wirklich glaubst, was auf deiner Liste steht, desto einfacher wird es dir schließlich fallen, deine innere Haltung gegenüber dir selbst zu ändern.

Mit Sicherheit wirst du einige Zeit brauchen, deine Liste zu vervollständigen und dein Selbstwertgefühl aufzubauen. Vielleicht ist dein Weg auch etwas holprig. Dann hilft dir möglicherweise folgender Satz: *Du bist als Ebenbild Gottes geschaffen.* Denk daran und ruf ihn dir immer wieder ins Gedächtnis.

Aus jedem Punkt auf deiner Liste können sich neue Wege ergeben, wie du deine Fähigkeiten und Talente einsetzt. Such danach! Du brauchst nicht bis nächstes Jahr zu warten oder bis du älter und weiser bist oder irgendwelche Veränderungen geschafft hast – du kannst auf der Stelle anfangen dich zu mögen.

Wenn dir mal alles über den Kopf wächst oder du das Gefühl hast, nicht zu genügen, dann kannst du dich mithilfe der Liste an all deine wunderbaren Eigenschaften erinnern und kannst anschließend deine Aufmerksamkeit in eine neue Richtung lenken. Und als Nebeneffekt strahlst du außerdem von morgens bis abends mehr Selbstbewusstsein aus. Geh mit aufrechtem Gang, lächle und glaube an dich! Sei dir selbst das beste positive Vorbild!

Denk dran: Ein einziger Mensch reicht aus, um dein Leben zu verändern. Sei du selbst dieser Mensch!

Zum Nachdenken

- Hast du über die Anzahl der Punkte auf deiner Liste gestaunt?
- Hat dich irgendetwas überrascht, was du auf deine Liste geschrieben hast? Wenn ja, warum?
- Was möchtest du das nächste Mal tun, wenn dir auffällt, dass du dich in deiner Haut gerade nicht wohlfühlst?

Gebet zum Mitbeten

Lieber Gott,
mein Herz ist voll Dankbarkeit für die
wunderbaren Leute, die ihr Leben und ihr
Glück mit mir teilen möchten. Ihre Freude
steckt mich an und wird zu meiner Freude.
Danke, dass du sie in mein Leben gestellt
hast. Danke für diesen Tag!
Deine Lizzie

KAPITEL 5

Das Denken verändern

Ein Mensch kann seinen Weg planen, seine Schritte aber lenkt der Herr.

Sprüche 16,9; NL

Was wünschst du dir? Wohin geht deine Reise? Wünschst du dir ein anderes Leben? Weshalb? Was tust du dafür? Bist du bereit Neues auszuprobieren?

Was für dich wahre Schönheit bedeutet, kannst du nur mit deinen eigenen Puzzlesteinen beantworten. Verwende jeden einzelnen Punkt auf deiner Liste als Werkzeug, um selbst ein schöneres Ich aufzubauen. Nimm deine Fähigkeiten und Begabungen, und erfinde neue Formen, wie du sie einsetzen kannst. Und weißt du was? Du brauchst nicht zu warten, bis der Schnee geschmolzen ist. Du kannst *hier und jetzt* anfangen dich zu mögen. Deine Einstellung zu dir selbst kann sich bereits verändern, *während du deine eigene Liste schreibst.* Und wenn dir mal alles über den Kopf wächst oder du meinst, nicht gut genug zu sein, dann denk an deine Liste und an all deine wunderbaren Eigenschaften.

Wie alles im Leben braucht es Zeit, so eine Liste zu erstellen und ein stabiles Selbstwertgefühl zu entwickeln. Es erfordert Übung, an deine Version von Schönheit zu glauben. Vielleicht hilft dir dieser Satz: *Du bist von Kopf bis Fuß als Ebenbild Gottes geschaffen.* Manchmal muss man sich das zur Vergewisserung selbst in Erinnerung rufen. Bei mir ist das zumindest so.

Die Reise zu deiner Version von Schönheit kann manchmal holprig sein. Das ist in Ordnung. Richte deinen Blick einfach fest auf das Ziel. Dieses Ziel lautet nicht, äußerlich wahnsinnig hübsch zu werden, sondern freundlich und liebevoll zu sein, einen Sinn im Leben zu finden und dich in deiner Haut wohlzufühlen – das ist echte Schönheit!

WIE FÜHLST DU DICH?

Viele meiner Probleme konnte ich beim besten Willen nicht beeinflussen. Zum Beispiel fühlte ich mich oft ausgeschlossen und missverstanden. Doch das bloße Wissen, weshalb ich mich so fühlte, gab mir leider nicht gleichzeitig auch die Möglichkeit, etwas daran zu ändern. Wenn ich nun die Ursache eines Problems nicht ändern kann, heißt das etwa, dass ich mich immer so fühlen werde? Kann ich überhaupt jemals glücklich werden?

Ich beschloss damals, mich mit Stift und Papier hinzusetzen und mir selbst ein paar Fragen über mein Leben zu stellen. Anschließend beantwortete ich jede Frage so ehrlich wie möglich.

Als ich fertig war, betrachtete ich meine Antworten und erkannte, dass einige Veränderungen notwendig waren, wenn ich mein Leben wirklich umkrempeln wollte. An den alten Erinnerungen und Verletzungen konnte ich nichts mehr ändern, aber ich konnte über sie hinwegsehen und das Gute anschauen. Als ich dann begann, meine Aufmerksamkeit auf das Positive zu richten, schien das Negative Schritt für Schritt jeden Tag ein wenig mehr zu verblassen.

Nun bist du wieder dran. Schalte dein Handy, deinen Fernseher und deinen Computer aus und such dir ein stilles Plätzchen zum Schreiben. Stell dir folgende Fragen, und denk über jede dieser Fragen eine Weile nach, bevor du deine Antwort aufschreibst. Ganz allgemein gibt es kein Richtig oder Falsch bei diesen Antworten, aber für dich ganz persönlich gibt es natürlich richtige und falsche Antworten. Bleib trotzdem entspannt, denn wenn du ehrlich antwortest, wirst du auch das für dich Richtige aufschreiben.

- Fühlst du dich oft ausgeschlossen? Warum ja/warum nein?

....

....

....

- Fühlst du dich oft missverstanden? Wenn ja, was ist der Auslöser für dieses Gefühl?

....

....

....

- Ruf dir einen Streit ins Gedächtnis, den du mit deiner Mutter, deinem Bruder, deiner Schwester oder mit deiner besten Freundin hattest. Was hättest du anders machen können?

....

....

....

- Befürchtest du manchmal, dass du nie glücklich werden wirst? Warum ja/warum nein?

  🖊 ....

  ....

  ....

- Verfolgen alte Erinnerungen und Verletzungen dich bis heute? Nenne eine. Warum macht sie dir noch immer zu schaffen? Was wäre nötig, um sie vollständig hinter dir zu lassen?

  🖊 ....

  ....

  ....

- Hast du jemanden, mit dem du diese Gedanken durchsprechen kannst, eine Person deines Vertrauens? Wenn ja, schreibe diese Person auf.

  🖊 ....

  ....

  ....

- Bist du in der Schule/im Studium/in der Ausbildung/bei der Arbeit richtig schlecht (knapp vor dem Durchfallen)? Wenn ja, warum?

  ✎ ....

  ....

  ....

- Was kannst du unternehmen, um dein Leben heute umzukrempeln?

  ✎ ....

  ....

  ....

- Womit verbringst du den größten Teil deiner Zeit? Erwischst du dich manchmal dabei, dass du Sachen vor dir herschiebst, anstatt sie zu erledigen?

  ✎ ....

  ....

  ....

- Glaubst du, dass jeder Mensch einen Sinn im Leben hat?

  ✎ ....

  ....

  ....

- Was ist deine Leidenschaft?

  ✎ ....

  ....

- Was würdest du dir in deinem Leben von heute an anders wünschen? Und nächste Woche? Und nächstes Jahr?

  ✎ ....

  ....

  ....

- Wie stellst du dir einen perfekten Tag vor?

  ✎ ....

  ....

- Wie denkst du über Gott?

....
....
....
....

- Betest du? Warum ja/warum nein?

....
....
....
....

- Gehst du in den Gottesdienst? Warum ja/warum nein?

....
....
....
....

- Nenne drei Personen, denen du die Schuld für deine Probleme anlastest.

  🖊 ....

  ....

  ....

  ....

- Machst du dich je selbst für deine Probleme verantwortlich?

  🖊 ....

  ....

  ....

  ....

Viele dieser Fragen sind so geartet, dass wir uns am liebsten gar nicht damit befassen würden, deshalb fällt uns das Antworten möglicherweise schwer. Aber die Antworten sind für unsere persönliche Entwicklung wirklich wichtig und bringen uns weiter!

Zum Nachdenken

- Hat dir das Beantworten der Fragen in diesem Kapitel geholfen, einige Aspekte deines Lebens mit anderen Augen zu betrachten?
- Hat eine der Antworten dir möglicherweise gezeigt, dass du etwas beeinflussen kannst, was du bisher als unbeeinflussbar eingestuft hattest?
- Hat dir eine deiner Antworten möglicherweise gezeigt, dass etwas, was du als beeinflussbar betrachtet hattest, in Wirklichkeit ganz in Gottes Hand liegt?

Gebet zum Mitbeten

Lieber Gott,
bitte sei bei mir. Manchmal habe ich Angst
vor Veränderungen. Heute weiß ich, dass
ich nicht allein bin und dass du siehst, was
in meinem Herzen vorgeht. Danke für
diesen Neuanfang. Danke, dass du meine
Gebete erhörst. Bitte hilf mir, neue Möglich-
keiten zum Lernen und Wachsen zu erken-
nen und anzunehmen.
Deine Lizzie

KAPITEL 6

Schuld vergeben |

Seid stattdessen freundlich und mitfühlend zueinander und vergebt euch gegenseitig, wie auch Gott euch durch Christus vergeben hat.

Epheser 4,32; NL

Mit der „Warum-ich-Frage" habe ich mich viele, viele Tage beschäftigt, und leider nicht mit positivem Effekt. Ich wurde sogar zornig auf Gott, weil er zugelassen hatte, dass ich so anders bin. Ich begriff nicht, warum er mich ohne ersichtlichen Grund in einen Konflikt nach dem anderen schickte. Im Grunde meines Herzens war mir zwar klar, dass ich eine wunderbare Familie, echte Freunde und einen starken Willen habe, die mich stets vorwärtstragen, aber dennoch fühlte es sich an, als würde ich immer wieder K. O. geschlagen.

In der Öffentlichkeit behandelten die Leute mich, als wäre ich eine Außerirdische. Weder Make-up noch Klamotten konnten daran etwas ändern. Und nun, als wäre all das noch nicht genug, griffen mich fremde Leute im Internet an. Egal wo ich hinging, ich konnte der Kritik nicht entfliehen.

Aus diesem Grund staute sich auch in meinem Inneren ein großer Groll an. Ich war so sauer auf alle, weil sie mich verurteilten, ohne mich wirklich zu kennen. Am liebsten hätte ich von einem Berggipfel aus in die Welt geschrien, und zwar so, dass die ganze Welt es hören konnte: „Ich bin normal, genau wie ihr!"

Jede einzelne Erinnerung an die Leute, die mich niedergemacht hatten, behielt ich im Gedächtnis und ließ sie nicht los. Jedes Gaffen, jede verletzende Bemerkung und jede gemeine E-Mail war wie eine dieser Schnittwunden, die man sich an einem Blatt Papier zuziehen kann – kurz und manchmal kaum erkennbar, aber schmerzhaft, solange sie nicht verheilt ist.

Sogar Gott stand auf meiner Wutliste. Ich konnte beten, so viel ich wollte, trotzdem machte er mein Leben nicht leichter. Ich wünschte mir eine schnelle Lösung – wünschte, dass Gott meine Krankheit wegnahm. Dabei kam ich nicht im Entferntesten auf den Gedanken, dass man sogar ohne Krankheit und auch mit einem ganz normalen Aussehen gewisse innere Kämpfe auszufechten hat.

Dann beschloss unsere Familie eines Abends ins Kino zu gehen. Dort kauften wir uns einige große Tüten Popcorn (wir alle sind große Popcorn-Fans). Alles war fantastisch, bis eine Gruppe von Leuten anfing, mich anzustarren und mit dem Finger auf mich zu zeigen. Ich wollte so tun, als seien sie nicht da. Doch während ich mich wegdrehte, ging mein Vater geradewegs auf sie zu.

Anstatt sie jedoch zurechtzuweisen, weil sie seine Tochter ausgelacht hatten, sagte er einfach zu ihnen, dass er für sie beten werde. Ohne noch mehr zu sagen ging er zu uns zurück. Später erklärte er mir, dass gerade die Menschen, die etwas in böser Absicht oder in einer boshaften Haltung tun, ein positives Zeichen brauchen, was sie daran erinnert, dass ihre Taten andere Menschen verletzen können. Nie werde ich vergessen, wie beeindruckt ich von der Reaktion meines Vaters war. An jenem Abend lehrte er mich eine ganze Menge.

Und genau an dieser Stelle begannen sich dann auch bei mir die Puzzleteile zusammenzufügen: Mir wurde klar, dass ich im Leben nur dann vorwärtskommen und nur dann lernen würde, mich in meiner Haut wohlzufühlen, wenn ich allen vergebe, die mich verletzt haben.

Zuerst musste ich die Dinge mit Gott klären. Und in diesem Zusammenhang hörte ich auf, meine Krankheit wie ein großes, leuchtendes Neonschild zu betrachten, das ich auf meiner Stirn trug und auf dem die Aufschrift „Fluch" zu lesen war. Vielmehr begann ich, es als schönes Schild in hellen Farben mit der Aufschrift „Segen" zu sehen. Durch meinen Vater zeigte Gott mir, dass all die Menschen, die mich verurteilt und lächerlich gemacht hatten, in Wahrheit diejenigen sind, die am meisten Gebete brauchen.

Die Zeit war gekommen: Ich musste lernen, denen zu vergeben, die mir Unrecht getan hatten.

ANDEREN VERGEBEN

Für mich bedeutete die Entscheidung zu vergeben, dass ich all meinen Groll, meine Wut und meine Rachegedanken loslassen und in meinem Leben vorwärtsgehen will. Nach jenem Kinoabend fing ich an, für all die Menschen zu beten, die auf YouTube Kommentare hinterlassen hatten, und ihnen zu vergeben. Auch jeder, der mich angegafft, und jeder, der mir Unrecht getan hatte, war auf meiner Gebetsliste. Ich ließ die Vergangenheit los und vergab den Leuten, die mich ausgestoßen hatten.

Jeden Abend betete ich für sie und bat Gott, mir zu helfen, dass ich ihnen wirklich vergeben kann. Ich bat ihn, ein gutes Licht in ihrem Leben zu sein. Genau wie sie meine Lebensgeschichte nicht kennen, so kenne ich auch ihre nicht – deshalb kann auch ich aufgrund einer einzigen Handlung nicht über ihren Charakter urteilen.

Bei einem meiner Vorträge in einer Grundschule fragte mich ein Drittklässler, ob ich denn ebenfalls den Leuten vergeben hätte, die das Video eingestellt hatten. Von seiner äußerst klugen Frage war ich überrascht und erst einmal sprachlos. Das hatte mich noch nie jemand gefragt.

Vergebe ich ihnen? fragte ich mich noch einmal selbst. Ich war richtig stolz, als ich merkte, dass ich diesem kleinen Jungen aus tiefster Überzeugung antworten konnte: „Ja, ich vergebe ihnen."

Solange ich ihnen nicht vergeben hatte, fühlte ich mich permanent in der Vergangenheit gefangen, der Schrecken und die Ablehnung gegenüber diesen Personen steckten mir weiterhin immer in den Gliedern. Weil es aber keinen Grund gab, an so großen Feindseligkeiten festzuhalten, entschied ich mich, ihnen zu vergeben. Und indem ich die Vergebung in mein Leben ließ, fand ich einen inneren Frieden, der mir zuvor wirklich gefehlt hatte.

Das YouTube-Video werde ich wohl niemals vergessen. Es wird immer ein Teil meines Lebens bleiben. Doch indem ich meine Wut und Rachegefühle losließ, habe ich ihm die Macht über mich genommen. Ich weiß nicht, warum diese Leute so ein Video hochgeladen haben. Und ich weiß auch nicht, warum so viele andere Menschen sich genötigt sahen, ihren eigenen, zutiefst verletzenden, Kommentar dazuzuschreiben. Doch dem Beispiel meines Vaters folgend bete ich für sie.

Versteh mich bitte nicht falsch – ich sage nicht, dass das Video in Ordnung war. Aber es ist tatsächlich möglich, einem Menschen, der einen zutiefst verletzt hat, zu vergeben, ohne gleichzeitig die damit verbundene Handlung zu entschuldigen.

So seltsam das klingen mag, aber die Erfahrung von Leid und Verletzungen durch andere Menschen kann uns sogar helfen, selbst verständnisvoller und freundlicher zu handeln. Aufgrund der Dinge, die diese Leute mir angetan haben, würde ich niemals auf die Idee kommen, jemandem so etwas anzutun.

Wir alle müssen lernen zu vergeben. Wenn es dir sehr schwerfällt – wenn du findest, dass ein Unrecht, was dir jemand angetan hat, niemals vergeben werden kann –, dann denk doch noch einmal nach. Gott vergibt uns an jedem einzelnen Tag jede einzelne Sünde. Wenn also Gott uns vergeben kann, dann ist das Vergeben tief in uns verankert, und deshalb ist es uns möglich, den Menschen zu vergeben, die uns Unrecht getan haben.

Ein Teil meiner Lebensaufgabe ist es, anderen zu helfen, ihren Hass und ihre Feindseligkeit abzulegen, über ihren Groll und ihre negativen Gefühle hinwegzukommen und zu erkennen, wie mangelnde Vergebung unsere Lebensqualität beeinflussen kann. Ich selbst kann *Lizzie, das hässlichste Mädchen,* sein oder auch *Lizzie, die Autorin* von diesem Buch.

Ich entscheide mich für das Zweite.

ANDERE UM VERGEBUNG BITTEN

Was ist, wenn *du* Vergebung brauchst?

Betrachte dein Leben doch einmal ganz ehrlich, und stell dir die Frage, was in den letzten Monaten passiert ist und wen du vielleicht verletzt hast. Verurteile dich dabei jedoch bitte nicht. Wir alle machen Fehler, auch wenn wir es nicht beabsichtigen.

Hast du etwas gesagt oder getan, was einen anderen Menschen verletzt hat? Tut es dir leid? Möchtest du es gern wiedergutmachen? Möchtest du die Person um Vergebung bitten? Und was möchtest du damit erreichen? Hast du über der Situation gebetet? Bist du bereit zuzugeben, was passiert ist? Und bereust du deine Worte oder Handlungen?

Überleg dir gut, was du sagen möchtest. Such nicht nach Ausreden – sag einfach, dass es dir leidtut, dass du dir wünschst, es wäre gar nicht erst passiert, und dass du es gern zurücknehmen würdest, wenn das möglich wäre.

Du kannst niemanden zwingen, dir zuzuhören oder dir zu vergeben. Diese Entscheidung liegt bei deinem Gegenüber. Jeder von uns hat das Recht zu entscheiden, ob er vergeben möchte oder nicht. Gib dem anderen Zeit und Raum für diese Entscheidung, und werde nicht sauer, wenn seine Antwort Nein lautet.

Ganz unabhängig vom Ergebnis ist Vergebung ein Geschenk, das *du* verschenken kannst.

Zum Nachdenken

- Hast du bei irgendetwas Schuldgefühle? Worum handelt es sich? Was kannst du tun, um deine Schuld loszuwerden?
- Denk an eine Person, die dich verletzt hat. Kannst du dieser Person vergeben?
- Denk an eine Person, die du verletzt hast. Hast du dieser Person schon klar gezeigt, dass es dir leidtut, und um Vergebung gebeten?

Gebet zum Mitbeten

Lieber Gott,
ich brauche deine Hilfe, um denen zu ver-
geben, die mich verletzt haben. Ich bin
wütend, und es macht mich traurig, zum
Außenseiter gemacht zu werden. Manchmal
wünsche ich ihnen Böses, damit sie merken,
wie es sich für mich anfühlt. Ich weiß, dass
das falsch ist. Ich weiß, dass ich den Groll
in meinem Herzen loslassen und ihnen ver-
geben muss, auch wenn sie mich nicht um
Verzeihung bitten. Hilf mir, anderen zu
vergeben, wie du mir vergibst. Schenk mir
deine Einsicht.
Deine Lizzie

KAPITEL 7

Entdecke deine Leidenschaft

Passt euch nicht dieser Welt an, sondern ändert euch, indem ihr euch von Gott völlig neu ausrichten lasst. Nur dann könnt ihr beurteilen, was Gottes Wille ist, was gut und vollkommen ist und was ihm gefällt.

Römer 12,2; Hfa

Einer der bemerkenswertesten Schritte auf meinem Weg der Selbstfindung war der, als ich die Einladung annahm, einer Gruppe von Neuntklässlern meine Lebensgeschichte zu erzählen. Zuerst sagte ich ab, doch dann wurde die Anfrage noch ein weiteres Mal ausgesprochen. Alle in meiner Umgebung ermutigten mich, meine einzigartige Lebensgeschichte zu erzählen und von meinen Erfolgen zu berichten.

Ich muss ehrlich sagen: Auf einer Bühne zu stehen und vom ganzen Publikum angeschaut zu werden war das Letzte, was ich wollte. All meine alten Ängste meldeten sich gleich wieder zu Wort. Doch nach sehr viel gutem Zureden – und noch mehr Beten – nahm ich die Einladung schließlich an.

Am selben Abend setzte ich mich an den Computer und stellte mir die Frage, was ich wohl gerne hören würde, wenn ich im Publikum säße. Einen besonderen Gedanken wollte ich auf jeden Fall rüberbringen und nicht bloß darüber reden, wie wir mit unseren Problemen weiterleben können. Sondern mir war es wichtig zu vermitteln, dass jeder von uns mit Sicherheit Probleme hat, wir aber immer wieder aufstehen müssen, wenn wir hinfallen – vielleicht sogar ganz oft –, und dann so leben, dass wir unsere Bestimmung erfüllen.

Ich kam zu dem Schluss, dass ich dazu am besten aus meinem Leben erzählte und berichtete, wie ich an dem Punkt angelangt bin, an dem ich heute stehe. Das Publikum würde schon beim bloßen Hinschauen erkennen, dass ich anders bin, also wollte ich gleich zu Beginn meines Vortrags meine Krankheit erklären: Dass mein Körper nicht in der Lage ist, Fett zu speichern und Muskulatur aufzubauen, geschweige denn, zu erhalten und dass ich deshalb den ganzen Tag lang essen muss.

Da Gott einen wichtigen Teil meines Lebens ausmacht, wollte ich auch über meinen Glauben sprechen. Schließlich würde ich etwas Spannung rausnehmen, indem ich die Gemeinsamkeiten, die mich mit den Schülern verbanden, herausstellte. Ich wollte sagen, dass mir meine Freunde wichtig sind und ich genau wie sie um gute Noten zittere. Dann, in der Hoffnung auf einen Lacher, würde ich sagen, dass ich total gern shoppen gehe.

Sobald ich mir im Klaren war, was ich sagen wollte, gingen mir die Sätze sehr leicht von der Hand, und schon bald hatte ich meine Rede fertig. Innerlich war ich total glücklich, weil ich mir sicher war, dass ich etwas Wichtiges zu sagen hatte. Doch als der große Tag gekommen war, war ich wahnsinnig aufgeregt. Ich haderte damit, dass ich mich zu diesem Vortrag hatte überreden lassen. Ich machte mir Sorgen um mein Aussehen und meine Stimme – würde ich überhaupt einen Ton herausbringen? Würden die Schüler mir zuhören oder einfach den Saal verlassen? Jetzt, wo es mir endlich etwas besser ging, musste ich mir da gleich wieder eine neue Niederlage einhandeln?

Bevor ich jedoch weglaufen konnte, hörte ich schon den Moderator der Veranstaltung meinen Namen sagen, gefolgt von einem tollen Willkommensapplaus. Als ich dann vor den 400 Schülern stand, vergaß ich sogar, einen Blick auf meine sorgfältig vorbereitete Rede zu werfen. Stattdessen beschrieb ich ihnen, wie es ist, immer und überall Außenseiter zu sein. Ich erzählte einfach offen und ehrlich von mir. Und die Reaktion war gut. Manchmal waren sie ganz still und hingen mir wie gebannt an den Lippen. Manchmal sah ich sie verständnisvoll nicken. Es gab sogar ein paar laute Lacher und eine Menge Schmunzeln.

Zum Schluss applaudierten sie laut und standen zu meinem Erstaunen dabei sogar auf. Mein erster Vortrag war ein Riesenerfolg geworden!

In diesem Augenblick passierten zwei Dinge: Im Herzen wurde ich überglücklich und richtig stolz und gleichzeitig erkannte ich meine Berufung: Ich wollte gerne Referentin werden und Motivationsvorträge halten.

Nicht auszudenken, was passiert wäre, wenn ich diese Gelegenheit ausgeschlagen hätte!

WIE WIR UNSERE LEIDENSCHAFT ENTDECKEN

Es ist nicht allzu schwer, der eigenen Berufung auf die Spur zu kommen. Wenn du deine Berufung entdecken möchtest, musst du aufmerksam beobachten, was dir wichtig ist, wie du deinen Alltag verbringen möchtest und wie du dich selber siehst. Du brauchst die Bereitschaft, ernsthaft Zeit in die Suche nach deiner Berufung zu investieren, und wenn du eine Antwort gefunden hast, solltest du hinterfragen, ob sie sich richtig anfühlt. Du kannst übrigens auch gleichzeitig zu mehreren Aufgaben berufen sein, deshalb brauchst du dich gedanklich nicht auf eine einzige Sache festzulegen.

Leidenschaft und Berufung gehen miteinander Hand in Hand. Was machst du gern? Ich meine, so *richtig* gern? Was könnte deinen Alltag so interessant und aufregend gestalten, dass du darüber glatt die Uhrzeit vergisst? Bei welcher Tätigkeit siehst du dich selbst? Was könntest du Tag für Tag tun, ohne das Interesse daran zu verlieren?

Denk nun über deine einzelnen Antworten auf diese Fragen nach. Hinterfrage, ob du bei dieser oder jener Leidenschaft auch wirklich eine Begabung hast, ob du darin gut bist. Es ist zum Beispiel gut und schön herauszufinden, dass du Sängerin werden möchtest, aber wenn sich die Leute bei jedem Ton aus deiner Kehle entsetzt die Ohren zuhalten, solltest du vielleicht in andere Richtungen weitersuchen.

Wenn du hingegen die Fragen nicht beantworten konntest, heißt das noch lange nicht, dass du keine Leidenschaft hast. Es bedeutet bloß, dass du sie noch nicht entdeckt hast. Das ist absolut in Ordnung. Solange du für neue Erfahrungen offenbleibst, wirst du sie finden – und wenn du sie gefunden hast, wirst du dir ganz sicher sein.

SCHREIBE DIR EIN LEITBILD

Sobald du deine Leidenschaft und Berufung herausgearbeitet hast, nimm dir ein wenig Zeit für dich allein und schreib ein sogenanntes „Mission Statement", dein persönliches Leitbild. Ein Leitbild gibt Antwort auf die Grundfrage: „Wozu bin ich geschaffen?" Einer der ersten Schritte bei der Gründung eines Vereins oder eines Betriebs ist immer das Aufsetzen eines Leitbildes. Allerdings sind Leitbilder nicht nur Vereinen und Betrieben vorbehalten – sie können genauso von Menschen aufgesetzt werden, die ganz bewusst hier auf der Erde ihren Lebenssinn erfüllen wollen.

Am laufenden Band treffe ich Jugendliche, denen kein bisschen klar ist, in welcher glücklichen Lage sie sich befinden. Sie sind begabt und man ist gern mit ihnen zusammen. Sie können gut zuhören und gut leiten, sind voller Energie und Begeisterung. Das Problem ist bloß, dass sie all diese tollen Eigenschaften an sich selbst gar nicht wahrnehmen.

Meine Aufgabe besteht aus meiner Sicht darin, ihnen beim Erkennen ihrer Begabungen auf die Sprünge zu helfen. Ich lobe sie ehrlich und zeige ihnen, dass sie mit ihrer einzigartigen Kombination an Begabungen auch die Verantwortung tragen, diese klug einzusetzen. Sie sind verantwortlich, ihr eigenes Leben in die Hand zu nehmen, denn eines Tages werden sie selbst ihre Erfolge oder Misserfolge im Leben hinterfragen.

Wie habe ich all das nun in ein Leitbild hineinbekommen, das nur einen Satz lang sein darf? Ein wenig anstrengend war es schon, aber hier ist es: Ich möchte anderen Menschen helfen zu erkennen, dass sie eine einzigartige Kombination an Begabungen besitzen und damit die Verantwortung tragen, diese klug einzusetzen.

Meine größte Freude besteht darin, wenn sich die Gesichter der Menschen, vor denen ich meine Vorträge halte, erhellen, denn dann war ich erfolgreich. Sie haben es kapiert und das macht mich überglücklich. Indem ich sie motiviere, motivieren *sie mich*.

An manchen Tagen mache ich mir bewusst, dass genau diese Botschaft auch mir selbst gilt. Wenn ich mich angestrengt und erfolgreich gearbeitet habe, versuche ich auch meine eigene Leistung anzuerkennen. Das tue ich, indem ich das Erfolgsgefühl ein Weilchen genieße, sobald ich ein Ziel erreicht habe. Ich behandle mich selbst genauso, wie ich die anderen behandle, und auch so, wie ich gerne von ihnen behandelt werden möchte.

Jetzt bist du dran. Hier ein paar Fragen, damit du leichter mit deinen Überlegungen beginnen kannst:

- Wem möchtest du helfen?

....

....

....

- Bist du kreativ?

....

....

....

- Löst du Probleme gern und gut?

....

....

....

....

- Bist du schweigsam?

✏️
....

....

....

- Bist du kommunikationsfreudig?

✏️
....

....

....

- Bist du gläubig?

✏️
....

....

....

- Bist du ein Lern- und Theorietyp?

✏️
....

....

- Bist du ein anpackender, praktischer Typ?

✐ ....

....

....

- Gibt es noch etwas über dich – ein besonderes Talent, einen
  Charakterzug, irgendetwas anderes –, was du in dein Leitbild
  mit aufnehmen solltest?

✐ ....

....

....

Verwende nun deine Antworten als Grundlage und formuliere
hier dein Leitbild in einem Satz:

✐ ....

....

....

....

LEBE DEINE ÜBERZEUGUNGEN,
LEBE DEIN LEBEN

Die Wahrscheinlichkeit ist hoch, dass Gott sich für dich kein stinknormales, langweiliges Leben ausgedacht hat. Wenn dein Leben immer dieselbe alte Leier ist, könnte es an der Zeit sein, deine Beziehung zu deinem Schöpfer neu zu überdenken. Fang mit einem guten Gespräch an, einem Gebet. Und denk daran: Gespräch bedeutet nicht nur Reden, sondern ebenfalls Zuhören.

Es gibt so viel in dieser Welt zu entdecken, und deine Aufgabe besteht darin, deinen Platz in dieser Welt zu finden. Du weißt: Bereits ein einziger Erfolg gibt dir eine Grundlage, auf der du aufbauen kannst.

Manchmal geht es nur darum, einen ersten Schritt zu gehen und anschließend zu schauen, wo der neu eingeschlagene Weg dich hinführt.

Zum Nachdenken

- Schaffst du es, einen ganzen Tag lang kein einziges Mal: „Ich kann nicht" zu sagen?
- Schreib folgenden Satz zu Ende: „Was ich wirklich will, ist …"
- Warum sind manche Leute erfolgreich und andere nicht?

Gebet zum Mitbeten

Lieber Gott,
ich weiß, wie geduldig du mit mir gewesen
bist. Immer wieder hast du mir Gelegen-
heiten geschenkt, meine Begabungen zu er-
kennen. Ich hätte nie geahnt, dass ich eines
Tages vor Menschenmengen stehen und
meine Lebensgeschichte erzählen würde.
Jetzt verstehe ich mein Leben besser. Ich
vertraue dir und kann es kaum erwarten
zu sehen, wo du mich als Nächstes hinfüh-
ren wirst!
Deine Lizzie

KAPITEL 8

Auf die Plätze, fertig, Ziel! |

Erledige zuerst, was du draußen zu tun hast, bestelle deine Felder für die Ernte; dann kannst du ein Haus bauen und eine Familie gründen.

Sprüche 24,27

Meine Eltern legten eine innere Kraft in mich hinein, auf der ich bis heute aufbaue. Durch ihr Vorbild lehrten sie mich, niemals aufzugeben, Lösungen für Probleme zu finden und vorwärtszugehen, auch wenn der Weg steinig ist. Sie brachten mir selbstverantwortliches Handeln bei, nämlich Ziele zu setzen und durchzuhalten, bis die Ziele erreicht sind.

Mein eigenes Leitbild und meine erste richtige Liste mit langfristigen Zielen schrieb ich als Oberstufenschülerin. So sah meine Liste aus (ja, ich habe das tatsächlich damals aufgeschrieben):

- Motivationsvorträge halten
- Ein Buch über mein Leben schreiben
- Einen Hochschulabschluss machen
- Meine eigene Familie gründen

Weil ich mir diese Ziele mit so viel Ehrgeiz vorgenommen hatte, habe ich es auch geschafft, dass ich als 21-Jährige bereits seit vier Jahren Motivationsvorträge halte und mein erstes Buch sowohl auf Englisch als auch auf Spanisch erschienen ist. Jetzt bin ich 23 und werde in ein paar Monaten feierlich das Abschlusszeugnis meines Studiums erhalten. Ach ja, und was du gerade liest, ist bereits mein zweites Buch!

Trotz allem wurde mir bald klar, dass diese Ziele noch nicht ausreichten. Drei von ihnen schon erreicht zu haben, war eine großartige Leistung, aber meine Gedanken drehten sich ständig um die Frage: „Was kommt danach?"

Ich habe den Eindruck, dass viel zu viele Menschen nicht genug Zeit in die Frage investieren, was sie erreichen wollen, und dass sie sich keine Liste mit Zielen machen. Das ist, als würden wir eine Reise planen, ohne die geringste Ahnung zu haben, wo es hingehen soll.

Wenn du bereits dein Leitbild geschrieben hast, weißt du schon, wo deine Reise hingehen soll. Jetzt kannst du dich darauf konzentrieren, wie du dorthin kommst. Das „Wie" entspricht der Liste deiner einzelnen kleineren Ziele. Wenn du sie aufschreibst, werden sie auf einmal für dich greifbar und real. Und du wirst sehen, mithilfe dieser Liste kann aus Wünschen Realität werden. Fang doch einfach mal mit den folgenden Fragen an:

- Welche drei Dinge möchtest du diese Woche erreichen?

....

....

....

- Welche drei Dinge möchtest du bis zum Jahresende erreichen?

....

....

....

- Welche drei Dinge möchtest du bis zu deinem nächsten „Meilenstein-Geburtstag" erreichen? (Mit „Meilenstein" meine ich einschneidende Ereignisse oder Wendepunkte im Leben, beispielsweise den 18., den 30. oder den 50. Geburtstag.)

✏ ....

....

....

Nimm dir nun ein paar Minuten Zeit und denk vor dem Hintergrund dieser Listen über deine drei Hauptziele für das nächste Jahr sowie deine drei Hauptziele für die weitere Zukunft nach.

DREI HAUPTZIELE FÜR DAS NÄCHSTE JAHR

✏ ....

....

....

....

....

DREI HAUPTZIELE FÜR
DEINE WEITERE ZUKUNFT

....

....

....

....

....

Jetzt bist du mit deinen Gedanken über deine Zukunft und deine Ziele schon einen großen Schritt weiter. Bleibt nur noch herauszufinden, wie und wann du sie umsetzt.

Manchmal kann uns der Blick auf eine Liste Angst machen oder überfordern. Das ist ganz natürlich, und diese Gefühle sind in Ordnung, solange du dich von ihnen nicht ausbremsen lässt.

Nichtsdestotrotz bleibt immer noch die Frage, wie du nun eigentlich dein Ziel erreichst. Um hier weiterzukommen, ist es wichtig, einen detaillierten Plan zu erstellen. Zuerst holst du dir Stift und Papier und vielleicht nicht einfach nur ein weißes Blatt, sondern gleich ein besonderes Notizbuch oder Tagebuch und einen hübschen Stift, die du beide nur für diese Aufgabe benutzt. Anschließend gehst du bezüglich der einzelnen Ziele folgendermaßen vor:

1. Schreibe dein Ziel auf.
2. Such die Infos für die großen Schritte zusammen, die du zum Erreichen des Zieles brauchst. Brauchst du einen bestimmten Unterricht, musst du selbst besondere Bücher lesen, dich einer Gruppe anschließen, Material oder Ausrüstung kaufen? Schreibe die großen Schritte auf.
3. Nun musst du die großen Schritte in kleine Schritte herunterbrechen. Wenn du beispielsweise einen bestimmten Kurs brauchst, musst du herausfinden, wo solche Kurse angeboten werden, wann sie stattfinden und was sie kosten. Wenn du eigenständig Bücher lesen musst, wäre ein Gang in die Bibliothek notwendig. Schreibe die kleinen Schritte auf.
4. Falls du die kleinen Schritte in noch kleinere Schritte herunterbrechen musst, dann tu das so lange, bis dir eine vollständige Liste vorliegt, auf der genau draufsteht, was du tun musst.
5. Setz dir einen Zeitrahmen. Wenn du gerne Sachen vor dir herschiebst, dann leg dich auf genaue Daten fest, bis zu denen du die jeweiligen Schritte erledigt haben möchtest. Schreib das Datum in Klammern hinter das Ziel. Wenn du ein Typ bist, der Sachen rasch erledigt, setz dir ein Datum, bis zu dem du die Hälfte der Schritte bis zum endgültigen Ziel erledigt haben möchtest, und lege ein zweites Datum für das Ende fest. Das Wissen um eine zeitliche Frist ist ein zusätzlicher Ansporn, die nötigen Schritte auch zu erledigen.

Hier ist ein Beispiel. Wenn eines deiner Ziele darin besteht, dich in der Gemeinde stärker zu engagieren, könnte deine Liste so aussehen:

1. Auf der Website der Gemeinde die Möglichkeiten zur Mithilfe recherchieren (1. Mai).
2. Entscheiden, welchen Bereich ich ausprobieren möchte (3. Mai).
3. Kontakt zum Ansprechpartner herstellen und fragen, was ich als nächstes tun soll (10. Mai).
4. Den Anweisungen des Ansprechpartners folgen (15. Mai).

Das ist gar nicht so schwer, oder? Du begibst dich gedanklich so in den Vorgang hinein und malst dir kleine Schritte vor Augen, dass du am Schluss keinerlei Nervosität oder Furcht mehr spürst. Du wirst regelrecht drauf brennen, gleich loszulegen, deshalb wirst du den ersten Schritt wahrscheinlich am liebsten sofort erledigen wollen!

Nachdem ich meine Liste erstellt hatte, begann ich meiner Mitbewohnerin immer von meinen Tageszielen zu erzählen. Bald schrieben wir beide jeden Morgen die Dinge auf, die wir an dem jeweiligen Tag erledigen wollten. Wir führten eine Strichliste, und wenn wir alles geschafft hatten, was wir uns für den Tag vorgenommen hatten, bekamen wir einen Strich. Wer als Erste fünf Punkte erreicht hatte, erhielt eine Belohnung, die meist irgendwas mit Essen zu tun hatte, denn wir beide lieben Tacos.

Wenn du so ehrgeizig veranlagt bist wie ich, hilft ein Strichlistenwettbewerb mit einer Freundin sehr. Man ist viel produktiver, auch wenn man eigentlich keine Lust hat.

STELL DIR DEIN LEBEN VOR

Nimm dir etwas Zeit und stell dir einmal innerlich vor, dass du alle Ziele auf deiner Liste erreicht hast, sowohl die kurz- als auch die langfristigen. Male dir aus, welche Hindernisse du überwinden musstest, wie oft du fast aufgegeben, aber dann doch durchgehalten hast; wie viele Enttäuschungen und Entmutigungen es gab, aber du bist vorwärts gegangen.

Stell dir nun vor, wie es sich anfühlen würde, wenn du jedes Ziel auf deiner Liste abhaken dürftest. Spüre deine Freude und deinen Stolz, denn du hattest dir etwas fest vorgenommen, dich richtig angestrengt und es erreicht.

Siehst du das Lächeln auf deinem Gesicht? Stell dir vor, wie aufregend es sein wird, deinen Lieben zu erzählen, was du geschafft hast. Bekommst du nicht auch bei dem bloßen *Gedanken* daran ein bisschen mehr Schwung und Energie?

Jetzt musst du dich wieder an die Arbeit machen! Falls du mal deprimiert bist oder sehr am Erreichen deines Ziels zweifelst, erinnere dich selbst dran, wie wunderbar es sein wird, wenn du das Ziel erst erreicht hast.

Zum Nachdenken

- Hast du eine schlechte Angewohnheit, an der du gerne etwas ändern würdest?
- Welche Schritte müsstest du gehen, um etwas zu ändern?
- Bist du bereit, einen Plan zu erstellen, der dir hilft, die einzelnen Schritte zu gehen?
- Bist du bereit, deinen Plan umzusetzen?

Gebet zum Mitbeten

Lieber Gott,
danke, dass du mir die Zuversicht gibst,
Hindernisse überwinden zu können. Schenk
mir dabei Erfolg. Hilf mir, an mich zu glau-
ben und mich auf das Richtige zu kon-
zentrieren. Hilf mir, meine Gedanken zu-
sammenzuhalten und die richtige Richtung
einzuschlagen. Du hast den einzigen wah-
ren Weg zu dauerhaftem Erfolg, zu einem
gelingenden Leben. Zeig mir deinen Weg.
Deine Lizzie

KAPITEL 9

Mit Enttäuschungen umgehen |

Macht euch keine Sorgen, sondern wendet euch in jeder Lage an Gott und bringt eure Bitten vor ihn. Tut es mit Dank für das, was er euch geschenkt hat. Dann wird der Frieden Gottes, der alles menschliche Begreifen weit übersteigt, euer Denken und Wollen im Guten bewahren, geborgen in der Gemeinschaft mit Jesus Christus.

Philipper 4,6–7

Einen Vorteil hat mein Leben mit seinem ganz persönlichen Rucksack an Herausforderungen, denn es hat mich so manches gelehrt, was ich nun gebrauchen kann, um anderen zu helfen, dass sie ein froheres und gesünderes Leben führen können. Weil ich selbst unzählig viele Herausforderungen bestehen musste, fällt es mir nun leichter, in den Augen anderer Menschen Schmerz und Einsamkeit zu entdecken. Und weil ich eine ganze Menge an bösen Bemerkungen ertragen musste, habe ich jetzt den Mut, mich auch öffentlich für Mobbingopfer einzusetzen. Ich musste Ehrlichkeit gegenüber mir selbst lernen und habe dabei erkannt, dass nicht alle Wünsche gut, geschweige denn erfüllbar sind. Manchmal lautet die Antwort auch einfach *Nein*.

Ich liebe meine Tätigkeit, aber wenn ich eines Morgens aufwachen würde und alle meine Verpflichtungen wären verschwunden, dann wäre das in Ordnung. Ich vertraue Gott und glaube, dass er allein den besten Plan hat. Würde ich nie wieder auf einer Bühne stehen, nie wieder fröhlich von einem Publikum begrüßt werden, nie wieder in einer Fernsehshow auftreten, dann wüsste ich: Der Grund besteht darin, dass Gott für mich nun einen anderen Weg vorgesehen hat.

DIE RICHTIGE PERSPEKTIVE

Du hast also nicht alles bekommen, was du dir gewünscht hast. Du hast darum gebeten, es aber nicht erhalten. Vielleicht hast du dich total angestrengt, gebetet und dir Ziele gesetzt, aber es passiert einfach nichts.

Vielleicht ist für dich ein *Nein* das Schlimmste auf der

Welt – ich kann dir aber mit gutem Gewissen sagen, dass es das nicht ist: Es gibt noch Schlimmeres. Wenn du lernst, dich nicht mehr auf deine eigenen Enttäuschungen zu fixieren, sondern die Welt um dich herum betrachtest, dann wirst du sehen, dass es noch viel schlimmere Situationen gibt, in die man geraten kann.

Jeder von uns hat sich schon mal etwas gewünscht, was er nicht bekommen konnte, deshalb bin ich sicher, dass du mich verstehst. Wenn das in deinem Leben passiert, dann lass deinen Frust und deinen Ärger nicht Oberhand gewinnen, denn das bringt dich auf keinen Fall weiter. Genauso wenig bringt es, dich lange bei einer Niederlage aufzuhalten. Wir können schmollen, jammern und sogar über der Sache in Tränen ausbrechen – oder aber an all die Chancen und Möglichkeiten denken, die wir bereits genutzt haben und an alle damit verbundenen Erfolge.

Ich kann deine Enttäuschung nachempfinden, ehrlich. Doch es gehört zum Menschsein dazu, dass sich nicht all unsere Wünsche erfüllen – manchmal ist es sogar ausgerechnet der für uns wichtigste Wunsch, der sich nicht erfüllt. Wie sich in meinem Fall gezeigt hat, werde ich nie so aussehen wie alle anderen Mädels in meiner Klasse. Das habe ich mittlerweile akzeptiert, und ich gehe davon aus, dass Gott eben einen anderen Plan für mich hat.

Aus eigener Erfahrung kann ich sagen, dass es viel einfacher ist, den „anderen Plan" zu akzeptieren, wenn man ein starkes Selbstwertgefühl hat – wenn man sich selbst so mag und annimmt, wie man wirklich ist. Deshalb lohnt es sich auch, an einem besseren Selbstwertgefühl zu arbeiten. Menschen mit einem starken Selbstwertgefühl besitzen von den folgenden sieben Eigenschaften die meisten oder sogar alle. Gehe sie

Schritt für Schritt durch, denke jeweils über diese Eigenschaft nach und beantworte anschließend meine Fragen.

Sie mögen sich selbst.

- Magst du dich? Warum magst du dich? Und wenn du dich nicht magst, warum nicht? Trifft die dritte Frage auf dich zu, dann stelle eine Liste mit Dingen auf, mit deren Hilfe du daran arbeiten möchtest, dass du dich selbst magst – so wie du bist.

Sie analysieren ehrlich ihre persönlichen Stärken und Schwächen.

- Nimmst du dir manchmal Zeit, über deine Stärken und Schwächen nachzudenken? Schreibe jeweils drei Stärken und drei Schwächen auf. Haben sie sich über die Jahre hinweg verändert? Schreibe zu jeder Schwäche eine Maßnahme auf, mit der du sie im kommenden Jahr loswerden kannst.

Sie übernehmen Verantwortung für ihre Entscheidungen und Handlungen.

- Triffst du in der Regel gute Entscheidungen? Wenn du einen Fehler machst, schiebst du dann die Schuld auf andere oder erkennst du deine Verantwortung an und nimmst dir vor, es beim nächsten Mal besser zu machen? Nenne einige Beispiele.

....

....

....

Sie haben in ihrem Umfeld eine leitende Rolle.

- Hältst du nach Möglichkeiten Ausschau, Verantwortung zu tragen? Arbeitest du irgendwo ehrenamtlich mit? Wenn ja, nenne Beispiele. Wenn nicht, schreibe drei Bereiche auf, in denen du in den nächsten drei Monaten Verantwortung übernimmst und anderen hilfst.

....

....

....

....

Wo nötig, stellen sie die Bedürfnisse anderer vor ihre eigenen.

- Wenn ein Freund oder jemand aus deiner Familie deine Hilfe braucht, gibst du dir dann größte Mühe, für denjenigen da zu sein, auch wenn es für dich gerade unpraktisch ist oder du etwas anderes tun wolltest? Wenn ja, nenne Beispiele. Wenn nicht, überlege dir eine Situation aus dem vergangenen Jahr, als jemand dich um Hilfe bat. Was waren deine wahren Gründe dafür, dass du nicht geholfen hast? Was hättest du tun sollen? Warum?

···

···

···

···

···

Sie stehen fest in ihrem Glauben.

- Meidest du Situationen und Verhaltensweisen, bei denen du spürst, dass sie falsch sind oder dich in Schwierigkeiten bringen würden? Stehst du zu dem, was du glaubst, auch wenn es dir die anderen schwer machen? Wenn ja, nenne Beispiele. Wenn nicht, überlege dir ein mögliches Szenario, das sich in den nächsten drei Monaten ereignen könnte. Entwickle anschließend einen Plan, wie du dich dann verhalten könntest, damit du entsprechend gewappnet bist.

✎ ....

....

....

....

Sie sind freundlich und mitfühlend, sowohl gegenüber
sich selber als auch gegenüber anderen.

- Bist du zu dir selbst nett? Klopfst du dir selbst mal auf die
  Schulter, wenn du das Richtige getan hast? Verzeihst du dir,
  wenn du einen Fehler begangen hast? Wenn ja, nenne Beispiele. Wenn nicht, schreibe drei Ideen auf, wie du dir diese
  Woche Gutes tun kannst, und setze diese alle um.

✎ ....

....

....

....

Vergleiche deine Antworten nun mit deiner „Ich-mag-mich-
Liste". Hast du die Eigenschaften eines Menschen mit einem
starken Selbstwertgefühl? Falls nicht, dann hast du deine „Ich-
mag-mich-Liste" noch nicht häufig genug durchgelesen.

Was mich betrifft, ich kann jeden Punkt auf dieser Liste mit

Ja beantworten: Ich mag mich. Ich bemühe mich sehr, meine Stärken und Schwächen ehrlich zu analysieren. Ich versuche wahrzunehmen, wo ich mich verändern sollte, und übernehme die Verantwortung für meine Entscheidungen und Handlungen. Bei Problemen gebe ich mir Mühe, sie so zu lösen, dass ich nicht gegen meine Überzeugungen handle. Wenn ich einen Fehler mache, versuche ich, ihn mir selbst gegenüber einzugestehen. An manchen Tagen gelingt das besser, an anderen schlechter. Ich bin nicht perfekt, nicht einmal annähernd.

Ein gutes Selbstwertgefühl ist natürlich keine Garantie für ein leichtes Leben, für unendliches Glück und absolute Problemfreiheit. Was es jedoch garantiert, ist, dass du von Liebe umgeben wirst und dass du von Leuten unterstützt wirst, denen du nicht egal bist.

Und das verändert alles.

Zum Nachdenken

- Was war bisher deine größte Enttäuschung?
- Wie bist du damit umgegangen?
- Wie wirst du mit deiner nächsten großen Enttäuschung umgehen?

Gebet zum Mitbeten

Lieber Gott,
ich bemühe mich sehr, das zu erreichen, was
ich möchte, und ich bin sehr stolz auf mich.
Oft ist das eine gute Sache, aber manchmal
fällt es mir dadurch noch schwerer, Ent-
täuschungen hinzunehmen. Mein Gefühl
sagt dann, dass ich nicht das bekomme, was
mir zugestanden hätte. Bitte hilf mir zu er-
kennen, dass es auch in Ordnung ist, wenn
ich nicht bekomme, was ich mir gewünscht
habe – denn dann lenkst du mich in eine
andere Richtung – in die richtige Richtung.
Deine Lizzie

KAPITEL 10

Freunde fürs Leben

Wenn zwei unterwegs sind und hinfallen, dann helfen sie einander wieder auf die Beine. Aber wer allein geht und hinfällt, ist übel dran, weil niemand ihm helfen kann.

Prediger 4,10

Ich liebe meine Freunde! Sie sind ein ganz bedeutender Teil meines Lebens. Aber gute Freunde zu finden und sie auch zu behalten, das bedeutet einiges an Arbeit. Und genauso viel Arbeit investiere ich in die andere Seite, nämlich eine gute Freundin zu *sein*.

Wahre Freunde sagen uns die Wahrheit, weil sie das Beste für uns im Sinn haben. Meine Freunde und ich mögen keine Schönrederei und wir reden auch nicht um den heißen Brei herum, wenn wir etwas Schwieriges zu sagen haben. Manchen mag das gemein erscheinen, das muss es aber nicht sein. Man kann auch jemandem die Wahrheit sagen, ohne dass es gemein oder verletzend klingt. Echte Freunde können dir sogar in liebevoller und einfühlsamer Weise schwierige Dinge sagen.

Und genau das tun meine Freunde und ich füreinander. Diese Eigenschaft schätze ich bei jedem einzelnen von ihnen und ich wünsche mir, selbst eine solche Freundin für sie zu sein.

Meine Freunde sind loyal, vertrauenswürdig und amüsant. Wir treffen uns zum Quatschen, schauen hin und wieder gemeinsam einen Film, telefonieren miteinander, lernen zusammen und bei Enttäuschungen und Kummer schütten wir einander das Herz aus. Wir feiern Geburtstage, Feiertage und besondere Anlässe miteinander und unterstützen einander in schweren Zeiten.

BIST DU EINE GUTE FREUNDIN?

Es gibt viele verschiedene Arten von Freunden: Freunde, mit denen du ins Kino gehst, Freunde, mit denen du shoppen gehst. Es gibt Freunde fürs Lernen und Freunde für den Sport,

Freunde, die in nächster Nähe wohnen und – wenn du Glück hast – Freunde, die mit dir über ihr tiefstes Inneres reden.

Wer gute Freunde haben möchte, muss selbst ein guter Freund sein. Geh doch mal diesen kleinen Fragebogen durch, um zu erfahren, ob du tatsächlich eine gute Freundin bist:

- Liegen deine Freunde dir ehrlich am Herzen? Wie zeigst du es ihnen?

✎ ....

....

- Bemühst du dich, den Kontakt zu deinen Freunden zu halten? Schreibe ein Beispiel auf.

✎ ....

....

- Bist du treu und loyal, hältst du immer zu ihnen? Schreibe ein Beispiel auf.

✎ ....

....

- Vertraust du deinen Freunden? Schreibe ein Beispiel auf.

✏ ....

....

....

- Sagst du deinen Freunden die Wahrheit? Schreibe ein Beispiel auf.

✏ ....

....

....

- Bist du gern mit deinen Freunden zusammen? Was unternimmst du am allerliebsten mit ihnen?

✏ ....

....

....

SIND DEINE FREUNDE GUTE FREUNDE?

Es ist schwierig, gut gelaunt und froh zu bleiben, wenn man von Leuten umgeben ist, die ständig meckern, schlecht drauf sind und nur das Schlechte am Leben sehen. Deshalb ist es wichtig, sich mit Freunden zusammenzutun, die optimistisch und respektvoll sind. Beantworte doch einmal die folgenden Fragen, um herauszufinden, ob du tatsächlich gute Freunde hast.

- Geben sich deine Freunde Mühe, den Kontakt zu dir zu halten? Schreibe ein Beispiel auf.

....

....

....

- Kannst du mit deinen Freunden ehrlich reden oder hältst du dich bedeckt, weil du befürchtest, von ihnen in eine falsche Schublade gesteckt zu werden? Schreibe ein Beispiel auf.

....

....

....

- Hast du jemals gesagt bekommen, dass einer deiner Freunde kein guter Freund für dich ist? Wenn ja, wie bist du damit umgegangen? Hast du mit jemand anderem darüber gesprochen?

....

....

....

- Hast du jemals einen Freund beim Lügen ertappt? Wenn ja, wie bist du damit umgegangen?

....

....

....

- Kommen deine Freunde auch einfach mal so bei dir vorbei oder kommen sie nur, wenn sie etwas von dir wollen?

....

....

....

Freundschaften brauchen Aufmerksamkeit, damit sie überleben. Zeige deinen Freunden deutlich, wie wichtig sie dir sind. Erzähle offen von deinen Problemen, aber jammere ihnen nicht stundenlang die Ohren voll. Rede nicht die ganze Zeit über dich selbst – stell auf jeden Fall auch Fragen zu ihrem Leben.

Gute Freunde sind es wert, dass man Zeit und Mühe in die Freundschaftspflege investiert. Meist fällt uns das nicht schwer, aber hin und wieder gibt es doch auch mal Meinungsverschiedenheiten, und das muss nicht unbedingt schlimm sein. Man kann sogar sagen, dass eine Freundschaft erst dann echt ist, wenn man mal eine Auseinandersetzung gehabt und sich wieder versöhnt hat.

Wenn also eine Meinungsverschiedenheit auftritt, darfst du die Situation auf keinen Fall ignorieren. Lass sie auch nicht vor sich hin gären, denn die Situation wird nur schlimmer, wenn ihr euch anschweigt oder euch weigert, eine Entschuldigung auszusprechen beziehungsweise anzunehmen. Sprecht die Sache unbedingt an, auch wenn ihr keine Lust dazu habt. Und es ist absolut wichtig, dass beide Parteien die Gelegenheit bekommen sollten, ihre Gefühle zu erklären.

An dieser Stelle solltet ihr beide sagen: Gut, nun weiß ich, wie es *dir* damit geht und du weißt, wie es *mir* damit geht. Wie machen wir nun weiter? Wie lösen wir jetzt das Problem? Seid ihr einmal an diesem Punkt angelangt, ist es wichtig für das Überleben eurer Freundschaft, dass du in der Lage bist, aufrichtig und ehrlich weiterzugehen – das heißt ohne Groll.

Reibereien und Auseinandersetzungen machen wahre Freundschaften stärker. Sei deshalb bereit, auch schwere Zeiten durchzustehen – sie gehören dazu. Und denk dran: Wichtig sind nicht die Unterschiede, sondern die Art und Weise, wie du Lösungen findest.

Gute Freunde zu behalten ist genauso wichtig, wie welche zu finden. Bemühe dich deshalb um ausgewogene Freundschaften. Sei bereit, dem anderen entgegenzukommen und Kompromisse zu schließen.

NEUE FREUNDE

Wünschst du dir neue Freunde? Es ist nicht schwer, sie zu finden. Zunächst einmal solltest du dir überlegen, wer die Leute sind, die du gerne triffst und mit denen du gerne Zeit verbringst. Wer sind die Leute, die gerne Zeit mit *dir* verbringen? Beantworte dir diese Fragen und mach dich dann auf die Suche nach noch mehr von diesen Leuten.

Denk bei deiner Suche aber immer auch daran, dass du echte Freunde suchst. Deshalb solltest du keine Freundschaft mit irgendjemandem eingehen, nur weil du meinst, dass diese Freundschaft dein Ansehen in der Schule, an der Uni oder bei der Arbeit steigern wird. Such dir Freunde, mit denen du einfach dein Leben teilen möchtest und die ihrerseits auch einfach das Leben mit dir teilen wollen.

Such dir Freunde in der Nachbarschaft, auf der Arbeit, in der Gemeinde, in Vereinen – überall. Sei innerlich bereit, auf einen neuen Gottesdienstbesucher oder eine neue Kollegin zuzugehen und dich ihnen vorzustellen.

Such dir Menschen, die ähnliche Interessen haben wie du und auf deiner Wellenlänge sind. Gemeinsamkeiten sind immer ein guter Aufhänger, um Gespräche anzufangen. Wenn du von jemandem eingeladen wirst, sag zu und komm mit einem Lächeln auf den Lippen bei ihm an.

Nimm dir für den kommenden Monat vor, mindestens eine Person kennenzulernen, die du noch nicht gut kennst oder von der dir aufgefallen ist, dass sie nicht so viele Freunde hat. Wenn du dir wünschst, dass andere Menschen dir eine Chance geben, musst du dies auch tun.

Aus vielerlei Gründen treten Menschen in unser Leben. Manche sind gute Vorbilder, von denen wir eine Menge lernen können. Die vier Mädels, mit denen ich meine Gymnasialzeit verbracht habe, sind noch immer ganz besondere Freundinnen für mich. Jeden Tag aßen wir am selben Tisch zu Mittag. An diesem Tisch wurden wir quasi erwachsen. Wir lachten, lernten gegenseitig unsere Familien kennen, tauschten die neuesten Neuigkeiten der Schule aus und lernten, wie man als Freundinnen lebt.

Gemeinsam durchschritten wir mehrere Meilenstein-Ereignisse: Wir überlebten die Teeniephase und feierten bei jeder Einzelnen den 15. Geburtstag mit (der wird bei uns aus Lateinamerika stammenden US-Amerikanern ganz besonders groß gefeiert). Unsere größten Sorgen drehten sich darum, welches Kleid wir an unserem 15. Geburtstag tragen sollten oder welchen Film wir uns an ebendiesem Wochenende anschauen wollten. Meine Freundschaft mit Rebecca, Abigail, Karina und Patsy war für mich in diesen Teeniejahren ein wahrer Segen.

ABSCHIED NEHMEN

Es bleiben aber nicht alle Freundschaften ewig bestehen. Vielleicht hat man sich auseinandergelebt oder die Dynamik innerhalb der Beziehung hat sich verändert. Vielleicht hat man nicht mehr die gleichen Interessen oder deine Zeit wird anderweitig beansprucht. Manchmal ist die Beziehung unausgewogen geworden, aber weil die Freundschaft schon so lang besteht, fühlst du dich verpflichtet, sie dennoch weiterzuführen.

Bisher haben wir gelernt, wie wichtig es ist, dass wir vergebungsbereit leben, und man könnte meinen, dass das Beenden einer Freundschaft nicht viel mit Vergeben zu tun hat. Es ist jedoch beides gleichzeitig möglich.

Wenn eine Freundschaft für dich nicht mehr stimmig ist, dann kannst du folgende Schritte unternehmen:

- Entscheide dich, ob du die Situation ausdiskutieren oder einfach die Freundschaft beenden möchtest. Denke gut darüber nach, denn das Wiederaufnehmen einer Freundschaft ist eine heikle Sache.
- Bevor du einen vollständigen Schlussstrich ziehst, denke darüber nach, ob du dir für die Zukunft noch ein gelegentliches Telefonat oder nur noch einfache Geburtstags- und Urlaubskarten wünschst.
- Wenn du dich für das Beenden der Freundschaft entscheidest, sei im Gespräch mit deiner Freundin/deinem Freund höflich aber bestimmt.
- Schaue positiv in die Zukunft und lass dich nicht von der Vergangenheit ausbremsen.

Zum Nachdenken

- Wer sind in Wahrheit deine besten Freunde?
- Bist auch du für sie eine beste Freundin?
- Befindest du dich in einer Freundschaft, die nicht mehr gesund ist und beendet werden müsste? Was möchtest du dagegen tun?

Gebet zum Mitbeten

Lieber Gott,
ich bin dir so dankbar, dass du mir so viele
wunderbare Freunde geschenkt hast. Bitte
beschütze sie alle und segne sie. Danke,
Herr, für all meine Freunde.
Deine Lizzie

KAPITEL 11

Tu dir Gutes

Mein Lieber! Ich wünsche dir, dass es dir in jeder Hinsicht gut geht und du gesund bist, so wie ich das von deinem inneren Leben weiß.

3. Johannes, 2

Musik war schon immer eine meiner großen Leidenschaften. An verregneten Tagen oder im kalten Winter kuschle ich mich am allerliebsten in eine Decke und höre gute Musik. Du kannst mich in irgendein Zimmer mit gedämpftem Licht setzen, dazu eine Tasse Kaffee und meinen MP3-Player – das vertreibt garantiert jegliche schlechte Laune und hebt meine Stimmung.

Auf meinem MP3-Player habe ich die Lieder nach Stimmung sortiert. Auf diese Weise habe ich auf Knopfdruck immer die passende Musik parat. Meine Hausaufgaben-Liederliste hilft mir, produktiv zu sein. Wenn ich deprimiert bin oder mich eine bestimmte Sache aufwühlt, schalte ich meine Gospel-Liederliste an. Sie bewirkt immer, dass sich meine Stimmung aufhellt und mir wieder bewusst wird, wie reich gesegnet ich bin.

Die Idee mit den verschiedenen Liederlisten für verschiedene Stimmungen kam mir einmal, als ich kurz vor einer schwierigen Operation stand. Ich war nervös und machte mir große Sorgen, deshalb fügte ich zu meiner erprobten Gospel-Liederliste noch ein paar fetzige Lieder hinzu. Im Krankenhaus half mir dann diese neue Liederliste sehr, einigermaßen gut gelaunt zu bleiben und mich von den Schmerzen abzulenken. Diese Liederliste nannte ich schließlich Gebetsmusik.

Ich empfehle jedem, sich eine solche Liederliste anzulegen. Geh deine gespeicherten Lieder durch und überlege dir einmal, welche Wirkung das jeweilige Lied auf deine Stimmung hat. Die Kontrollfragen diesbezüglich können lauten: Wie fühle ich mich bei diesem Lied? Kriege ich Lust aufs Lernen? Macht es mich müde? Oder bekomme ich Feierlaune?

Sortiere die Lieder entsprechend in deinem Datenspeicher. Du kannst mit drei Grobrichtungen beginnen:

1. für traurige Tage oder wenn du im Stress bist,
2. für die Hausaufgaben-Zeit oder für die Hausarbeit,
3. für Gute-Laune-Tage.

Wenn dir beim Sortieren weitere Stimmungen einfallen, lege dafür immer gleich eine weitere Liste an, bis du für jede Stimmung eine Liederliste parat hast. Notiere in jedem Fall alle Namen deiner Listen, damit du sie später leicht wiederfindest. Neben der Gebetsmusik habe ich übrigens auch noch „Prüfungssongs", „Lieder für kalte Nächte" und „Bücherwurmlieder" zusammengestellt.

Liederlisten zusammenzubasteln macht Spaß! Es ist etwas, was man einfach mal nur für sich selbst tut. Denn bei jeder Laune tut es gut, schöne Musik zu hören. So regen mich zum Beispiel die Lieder auf meiner Gebetsmusikliste an, wieder fröhlicher zu werden und sie erinnern mich daran, dass Gott mich liebt, ganz egal, wie es mir geht. Musik ist einfach wunderbare Medizin für jede Seele.

AUF MICH SELBST HÖREN

Manchmal erscheint es mir fast egoistisch, einfach in mein Zimmer zu gehen, die Tür zuzumachen, meinen MP3-Player anzuschalten und nur auf meine Stimmung zu achten. Früher bekam ich dabei immer ein schlechtes Gewissen, bis ich erkannte, wie wichtig es ist, ehrlich zu mir selbst zu sein. Das schlechte Gewissen klang dann so: „Ich könnte doch jetzt etwas viel Produktiveres tun. Es gibt so viel Leid auf der Welt, ich selbst habe so viel zu tun und anstatt was wegzuarbeiten, sitze ich hier und höre Musik."

Diese Sichtweise legte ich ab, als mir klar wurde, dass ich den anderen erst dann etwas geben kann, wenn ich zuerst für mich selbst gesorgt habe. Ich kann mit anderen kein Mitgefühl haben, wenn ich mit mir selbst nicht mitfühlend umgehe.

Zum Beispiel gab es bei mir mal eine Phase, in der ich viele Vortragstermine vereinbart hatte, aber gleichzeitig meinen Notendurchschnitt in der Schule halten wollte. Das war einfach nicht zu schaffen. Ich erkannte damals: Wenn ich mir jetzt nicht „Zeiten für mich" nehme, werde ich mit Sicherheit bald ausbrennen. Ich merkte, dass ich regelmäßig Zeiten brauchte, in denen ich meinen eigenen Energiespeicher wieder auffüllen konnte. Und diese Energie lieferte mir die Musik.

Heute achte ich auf meine eigenen Bedürfnisse und mein Befinden. Ich sorge dafür, dass ich genug Ruhe bekomme und Zeit für die Sachen habe, die mich froh machen. Nach besonders vollen Wochen brauche ich immer einen Miniurlaub – einfach Zeit zum Nichtstun, in der ich mein inneres Gleichgewicht wiederfinde, bete und den Draht zu Gott und seinem Willen wieder aufnehme.

WAS BRAUCHST DU?

Überleg dir doch einmal, in welchen Bereichen deines Lebens du mit dir selbst mitfühlender umgehen könntest. Für mich spielt das Musikhören eine riesige Rolle, genauso auch ausgedehnte Schmökerzeiten mit einem guten Buch und ein Bummel durch die Stadt.

Doch wie kann man ganz praktisch mit *sich selbst* mitfühlend umgehen? Schreibe mindestens fünf einfache Sachen auf – wie zum Beispiel das Musikhören –, die dich froh machen:

....

....

....

....

....

....

....

....

....

....

Lies diese Liste immer wieder einmal durch, damit du nicht vergisst, wie du dir Gutes tun kannst. Und dann setze diese Dinge in die Tat um!

Zum Nachdenken

- Was ist dein Lieblingslied mit gutem Inhalt? Warum?
- Was ist dein Lieblings-Spaß-Lied?
- Wenn du nur zu einem einzigen Zweck Musik hören dürftest (zum Beispiel um gute Laune zu bekommen, beim Sport, zum Einschlafen oder was dir einfällt), welchen Zweck würdest du aussuchen? Warum?

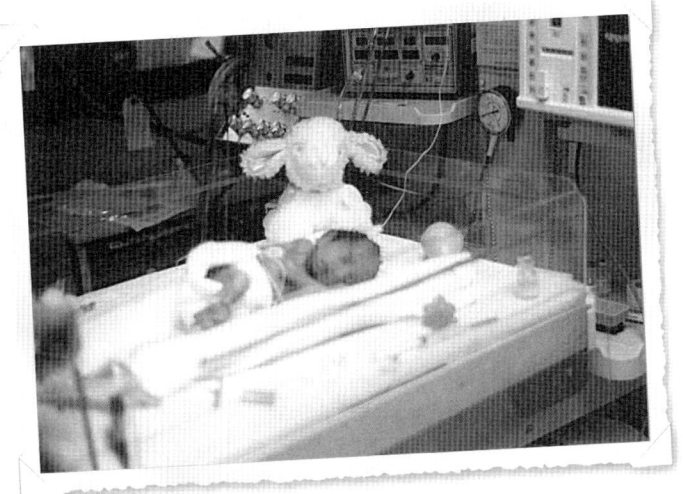

Ich, nur wenige Tag alt,
auf der Station für Frühgeburten.

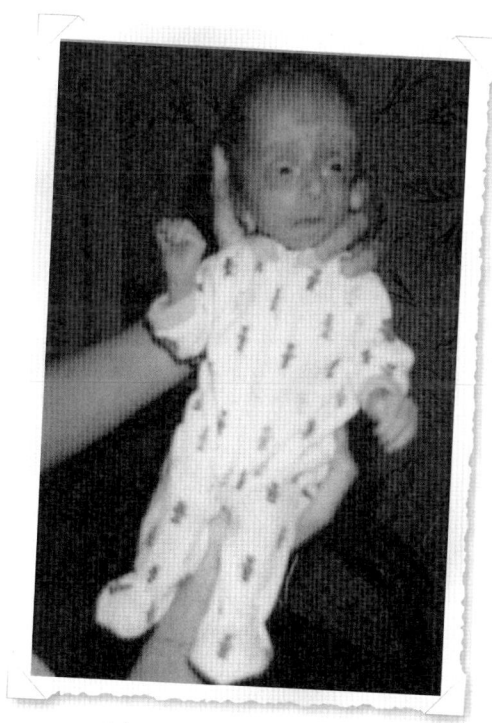

Ich war so klein, dass ich
nur in Puppenkleider passte.

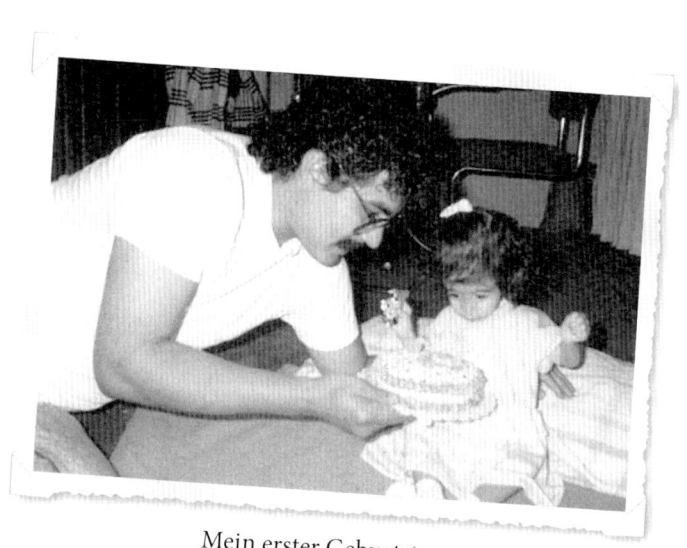

Mein erster Geburtstag.

Ich hab schon immer gerne Quatsch gemacht.

Heilig Abend mit meiner Familie.

Tante Stephanie.

Beim Bowling mit meinen Kusinen
Andrea, Rebecca und Cheyanne.

Mit Mama bei einem
Baseballspiel am College.

An meinem 23. Geburtstag mit
Roman, einem meiner besten Freunde.

Meine Schwester Marina mit meinem
Bruder Chris und mir Huckepack.

Mit meiner Mutter und
Dr. Drew im Fernsehstudio.

Vortrag zum Thema Mobbing
an einer Grundschule.

Gebet zum Mitbeten

Lieber Gott,
es ist so toll, wie Musik meine Stimmung
hebt, wie sie Ruhe und Frieden in meinen
Alltag bringt. Ich bin so dankbar für all die
Menschen, die ihre kreativen Talente mit
uns teilen. Danke für dieses wunderbare
Geschenk.
Deine Lizzie

KAPITEL 12

Stärke deinen Glauben

Gott hat den Sabbat für den Menschen geschaffen, nicht den Menschen für den Sabbat.

Markus 2,27

Schon mein ganzes Leben lang bin ich in den Gottesdienst gegangen, wodurch unsere Kirche für mich zu meiner zweiten Heimat geworden ist. Ja, mein Leben wird durch meine Gemeinde unermesslich bereichert, denn sie ist eine Gemeinschaft aus lauter Leuten, die einander und auch Jesus lieb haben. Ich finde es wunderbar, mit ihnen zu beten und von ihnen zu hören, was sie im Augenblick bewegt. Und immer wenn ich krank bin, bittet meine Mutter sie, für mich mitzubeten. Es tröstet mich dann sehr zu wissen, dass so viele Menschen für mich beten.

Unsere Kirche ist wahnsinnig schön und bereits beim Eintreten durchströmt mich immer ein innerer Friede. Wenn ich mich dann zum Beten setze oder hinknie, wirkt die ruhige Atmosphäre heilsam auf meine Seele und sie glättet ihre Furchen und Gräben, die sich in der vergangenen Woche in sie hineingegraben haben. Während der Lesungen aus der Bibel und durch die Predigt lerne ich oft etwas Neues über meinen Glauben oder werde an etwas erinnert, was ich schon vergessen hatte.

Weil ich zu einer katholischen Gemeinde gehöre, ist auch immer ein feiner Weihrauchduft in der Kirche zu vernehmen, der mich an meinen eigenen Weg im Glauben erinnert. Ich durfte in diesem wunderschönen Gebäude meine Erstkommunion und meine Firmung feiern. Ich habe dort Taufen, Hochzeiten und Beerdigungen miterlebt. Diese Erfahrungen sind ein wichtiger Teil von mir geworden.

Doch es gibt noch einen viel wichtigeren Grund für mich, jeden Sonntag in den Gottesdienst zu gehen. Wenn ich dort in der Bank sitze und meine Augen schließe, denke ich weder an die Leute noch an das ganze Drumherum, sondern nur an das Geschenk, das ich dort bekomme: an den Ursprung der Heiligkeit, ja an den tiefsten Sinn der Messe. Denn wir Katholiken glauben, dass Christus uns in der Messe durch alle Gebete, Lieder und Bibellesungen an seinen Tisch ruft, um dort die Eucharistie, also das Abendmahl, zu empfangen.

Der Empfang des geweihten Brotes und Weines bringt uns Heilung und Frieden. Wir feiern Jesu Liebe zu uns – sein Leben, seinen Tod, seine Auferstehung und unsere persönliche Beziehung zu ihm.

DEN GOTTESDIENST LIEBEN

Die Kirche lehrt uns, dass der wöchentliche Gottesdienstbesuch uns hilft, Gottes Gegenwart zu spüren. Doch wenn wir eine Sache automatisch jede Woche tun, betrachten wir sie vielleicht irgendwann als selbstverständlich. Es kann sogar passieren, dass wir sie einfach als einen Punkt unter vielen auf unserer To-do-Liste betrachten: *mein Zimmer aufräumen, das Auto saugen, in den Gottesdienst gehen, Babysitting.* Wir können uns sogar einreden, dass es in Ordnung ist, den Gottesdienst gelegentlich zu schwänzen – letzte Woche bin ich gegangen, nächste Woche gehe ich wieder, dann kann ich diese Woche auch ruhig mal was anderes machen.

Egal, wann dein Gottesdienst ist, ob Sonntag oder Samstagabend, es sollte dein Highlight der Woche sein. Ich liebe es, sonntags in die Messe zu gehen, aber ich schlage vor, dass du einen Gottesdienst zu der Uhrzeit wählst, zu der du am aufnahmebereitesten bist. Es ist wichtig, den Gottesdienst nicht einfach nur in deinen vollen Terminkalender reinzuquetschen, sondern er sollte ganz selbstverständlich ein Teil deiner Woche sein.

Nun noch etwas, was du bestimmt weißt, aber ich möchte es trotzdem noch einmal erwähnen: Hingehen ist nur der erste Schritt des Gottesdienstbesuchs. Um ihn wirklich so zu erleben, dass du Gott und deinen Mitmenschen näherkommst, ist es wichtig, dass du mit Herz und Seele dabei bist. Damit das auch gelingt, hier ein paar Tipps:

- *Mach dir den Aufbau des Gottesdienstes klar.* Die Teile, aus denen ein Gottesdienst besteht, sind alle gleich wichtig und du solltest wissen, was sich in jedem Teil ereignet.
- *Lerne die Gebete und Lieder.* Viele von uns beherrschen die wiederkehrenden Gebete und Gesänge so gut, dass wir während des Sprechens beziehungsweise Singens an etwas völlig anderes denken können. Tritt nicht in diese Falle! Versuch es vielmehr einmal so: Denk ehrlich über die Bedeutung der Worte nach und jedes Mal, wenn du ein bestimmtes Gebet betest oder einen Teil der Liturgie singst, tu es so, als wäre es das allererste Mal.
- *Höre bei den Lesungen aus der Bibel und bei der Predigt gut zu.* Die Predigt hilft uns, die Bibeltexte auf unser Leben zu übertragen. Doch du wirst nichts dazulernen, wenn du nicht aufmerksam zuhörst.
- *Konzentrier dich auf Jesu Leib und Blut.* Nach der Austeilung des Abendmahls passiert es uns leicht, dass die Gedanken zu all den Dingen schweifen, die noch vor Montag zu erledigen sind. Aber dafür ist diese Zeit nicht gedacht. Bleib

vielmehr still im Gebet und konzentrier dich auf das Wunder, das du gerade empfangen hast. Denk darüber nach, was deine Teilnahme am Abendmahl bedeutet, wie sie dich näher zu Jesus und tiefer in die Gemeinschaft der Christen bringt.

- *Geh in Frieden.* Lasse den Gottesdienst nicht hinter dir, wenn du das Gebäude verlässt – bewahre ihn die ganze Woche über in deinem Herzen. Vielleicht hast du als Hilfestellung eine Kirchenzeitschrift, eine andere christliche Zeitschrift oder ein gutes Buch. Spezielle Gemeindenews oder der monatlich erscheinende Gemeindebrief verraten dir zum Beispiel, wo Helfer gesucht werden und welche Veranstaltungen wann stattfinden. Auf diese Weise kommst du in das Gemeindeleben rein und wirst Teil der Gemeinde. Manchmal enthält eine Kirchenzeitschrift weitere Erläuterungen zu den Lesungen aus dem Gottesdienst, sozusagen eine Art Zusatzpredigt, die das im Gottesdienst Gelernte noch einmal vertiefen. Auch das tägliche Bibellesen nach einem vorgegebenen Plan kann dich wunderbar durch die Woche begleiten und dein Herz bei Jesus halten. Und wenn du bereits im Voraus weißt, welche Texte im nächsten Sonntagsgottesdienst drankommen, dann lies sie schon mal vor dem Gottesdienst. So wirst du ganz sicher viel mehr aus der Predigt mitnehmen.

Zum Nachdenken

- Was ist dein Lieblingsgebet im Gottesdienst?
- Was ist dein Lieblingslied im Gottesdienst?
- Überleg mal, welche die beste Predigt war, die du je gehört hast. Welche Dinge konntest du aus der Predigt für deinen Alltag mitnehmen?

Gebet zum Mitbeten

Lieber Gott,
der Sonntag ist immer ein wunderschöner
Tag. Ich gehe so gern in den Gottesdienst
und verbringe dort schöne Momente mit
meiner Familie und mit dir. Sonntage sind
einfach toll!
Deine Lizzie

KAPITEL 13

In Gottes Nähe

Freut euch immerzu! Betet unablässig! Dankt Gott in jeder Lebenslage! Das will Gott von euch als Menschen, die mit Jesus Christus verbunden sind.

1. Thessalonicher 5,16–18

Wie kann ich dauerhaft optimistisch bleiben? Das ist die Frage, die mir am häufigsten gestellt wird, sowohl persönlich als auch per E-Mail. Meine gründlich durchdachte Antwort – sie gilt für mich und meine Situation – lautet: Ich lege alles in Gottes Hand.

Jeder kennt mich als Lizzie, das unglaublich mutige, unglaublich starke Mädchen, dem nie ein negatives Wort über die Lippen kommt. Es ist mein Beruf und meine Berufung, andere Menschen zu motivieren und ihnen zu zeigen, wie sie sich selbst annehmen und selbstbewusst werden können. Das tue ich, indem ich selbst auch optimistisch bin und positive Dinge sage.

Doch im wahren Leben gibt es selbst bei mir hin und wieder Tage, an denen alles schiefgeht. Eine ärgerliche Sache nach der anderen passiert, Frust und Ungeduld werden größer. Noch immer verliere ich von Zeit zu Zeit mein Selbstvertrauen und lasse mich von anderen definieren. Noch immer habe ich Tage, an denen ich am liebsten alles hinschmeißen und mich ins Bett legen würde. An solchen Tagen findet man kaum etwas Gutes in all dem Schlechten.

Egal wie sehr wir uns auch anstrengen, *jeder* von uns erlebt solche Tage.

Das Gegenmittel an diesen Tagen ist für mich derjenige, der genau weiß, was es bedeutet, schlimme Schmerzen hinter einem Lächeln zu verbergen: Gott.

GIB DICH IN GOTTES HÄNDE

Als Kind machte mir das Beten einfach Spaß. Es war etwas, was ich mit meinen Eltern und in der Kirche tat. Doch mit zunehmendem Alter wurde ich darin immer fauler. Eine Zeit lang betete ich nur noch vor meinen Prüfungen oder wenn ich richtige Probleme hatte.

In dieser Zeit waren meine Beziehung zu Gott und das Gebet wie eine Achterbahnfahrt. Manchmal lag ich Gott hartnäckig in den Ohren und bat ihn um ein bestimmtes Ergebnis, und dann wieder hörte Gott nichts von mir, bis ich wieder einen neuen Wunsch hatte. Und wenn Gott mir nicht die Antworten gab, die ich hören wollte, wurde ich wütend auf ihn. Wenn ich aber doch das bekam, wofür ich gebetet hatte, fiel es mir kaum auf und er hörte nicht das leiseste Danke von mir.

Als ich später allmählich lernte, mich selbst anzunehmen, bekam ich auch wieder einen besseren Draht zu Gott. Ich begann, seine Liebe zu mir in ihrer ganzen Tiefe zu verstehen und konnte von ganzem Herzen beten: „Dein Wille geschehe." Nach und nach wurde ich viel entspannter und betete schließlich auch immer ernsthafter.

Zu Beginn waren meine Gebete sehr einfach. Es gab so vieles, wofür ich dankbar sein konnte, und mir war bewusst, dass ich Hilfe brauchte. Deshalb fing ich mit zwei einfachen Sätzen an, die ich täglich und über den ganzen Tag verteilt betete. Zuerst machte ich ein Kreuzzeichen, wie es in meiner katholischen Gemeinde üblich ist, sprach dann die beiden Sätze und machte anschließend wieder ein Kreuzzeichen. Die beiden Sätze lauteten:

- Herr, hilf mir.
- Herr, ich danke dir.

Ja, so einfach kann ein Gebet sein. Im Laufe der Zeit fügte ich zu diesen beiden Sätzen noch das Vaterunser hinzu. Dieses Gebet enthält die Grundaspekte meines Glaubens und ich kenne es bereits von Kindesbeinen an. Und damit ich es nicht einfach nur herunterleiere, spreche ich die Worte langsam und bewusst.

Nach einer Weile kaufte ich mir ein Notizbuch und fing an, eigene Gebete zu formulieren. Dieser Vorgang, einfach aufzuschreiben, was ich auf dem Herzen habe und was ich Jesus sagen möchte, ist eine wunderbare Erfahrung und macht einem den Inhalt eines Gebetes noch viel bewusster. Dabei war mir wichtig, auch immer eine Überschrift dazuzuschreiben und das entsprechende Datum, damit ich später noch einmal nachvollziehen kann, was mir wann auf dem Herzen lag. Auf diese Weise entstand eine Art Gebetstagebuch, das mein Glaubensleben unheimlich bereichert hat. Außerdem hat das Festhalten dieser persönlichen Gebete mir geholfen, mich auf meine Gaben und Talente zu konzentrieren und dafür dankbar zu sein.

Langsam füllte sich mein Gebetsbuch bis zur letzten Seite. Ich habe es bis heute und verwende es immer noch häufig.

WIE ANFANGEN?

Das Aufschreiben deiner persönlichen Gespräche mit Gott hat viele Vorteile. Der wohl wichtigste ist, dass du leichter deine Fortschritte erkennen kannst, wenn es eine Verschriftlichung deines Glaubensweges gibt.

Such dir ein Notiz- oder Tagebuch, was dir so gut gefällt, dass du es kaum erwarten kannst, reinzuschreiben. Dann fang einfach an. Wenn es dir so ergeht wie mir, werden an manchen Tagen die Worte nur so aus dir herausströmen, und an anderen Tagen wird es schon beim ersten Satz stocken. Bleib einfach geduldig, dann werden sich die Seiten schon füllen. Vielleicht wird daraus nicht die beste schriftstellerische Leistung der Welt, aber das macht nichts. Das Wichtige dabei ist, dass du einfach anfängst zu schreiben.

Hier ein paar Stichworte, mit denen du beginnen könntest:

Lieber Herr Jesus, ich bin dankbar für …
Himmlischer Vater, ich wollte dir erzählen, …
Lieber Gott, ich habe das große Bedürfnis, …
Lieber Herr, ich wünsche mir so sehr, …

Am Ende dieses Buches findest du sieben Gebete, die ich einmal speziell für meine morgendlichen Gespräche mit Gott geschrieben habe. Falls es dir schwerfällt, beim Beten den Anfang zu finden, dann nimm doch erst einmal eines von diesen Gebeten. Es macht gar nichts, dass du sie nicht selbst geschrieben hast; wichtig ist bloß, dass du mit dem Beten beginnst.

Zum Nachdenken

- Welches vorformulierte Gebet magst du am liebsten?
- Hast du schon mal ein Problem einfach losgelassen und es in Gottes Hände gelegt? Wie hat sich das angefühlt?
- Wenn dir das nächste Mal eine Sache Sorgen bereitet, auf die du überhaupt keinen Einfluss hast, wie wirst du damit umgehen?

Gebet zum Mitbeten

Lieber Gott,
ich bin mir ganz sicher, dass du schon weißt,
wie wichtig und wertvoll es mir ist, mit dir
über alles reden zu können. Trotzdem sage
ich es dir jetzt noch mal. Ich kann mit dir
reden, ohne die kleinste Kleinigkeit zurück-
zuhalten, denn ich weiß, du liebst mich im-
mer, egal was ich dir erzähle. Das bedeutet
mir wahnsinnig viel. Danke für deine Liebe,
Großherzigkeit und Vergebung. Ich liebe
dich!
Deine Lizzie

KAPITEL 14

Such dir ein Glaubensvorbild

Vor allem sei du ihnen in jeder Hinsicht ein gutes Vorbild. Die Lehre sollst du unverfälscht und mit Würde weitergeben.

Titus 2,7; Hfa

Eines meiner geistlichen Lieblingsvorbilder ist die heilige Lucia. Sie wurde knapp 300 Jahre nach der Geburt Jesu auf Sizilien geboren. Von den vielen Geschichten, die uns über ihren starken Glauben überliefert wurden, erzähle ich euch die eine, die mich am meisten beeindruckt hat.

Lucias Familie war sehr wohlhabend. Als sie erwachsen wurde, entschied sie sich, Christin zu werden, all ihr Geld und ihren Besitz den Armen zu schenken und unverheiratet zu bleiben, um ihr ganzes Leben Gott zu widmen.

Ihre Mutter jedoch hatte andere Vorstellungen. In jener Zeit war es gang und gäbe, dass Eltern die Hochzeit ihrer Kinder arrangierten und Lucias Mutter hatte genau das für ihre Tochter getan.

Doch dann unternahm Lucias Mutter wegen einer Krankheit, unter der sie bereits jahrelang gelitten hatte, eine christliche Pilgerreise, und sie wurde im Anschluss daran auf wunderbare Weise geheilt. Dafür war sie nun so dankbar, dass sie ihre Meinung über die geplante Heirat änderte und außerdem einen großen Teil des Familienvermögens den Armen schenkte.

Lucias Bräutigam war über diese Änderung sehr verärgert, vor allem, weil er dadurch nicht nur auf Lucia, sondern auch noch auf ihr Vermögen verzichten musste. Aus Rache dafür, dass sie ihm den Laufpass gegeben hatte, verklagte der Ex-Verlobte Lucia bei der Obrigkeit, denn zu der damaligen Zeit war in Sizilien der christliche Glaube verboten.

Er hatte mit seiner Anzeige Erfolg, weshalb Lucia gefangen genommen und zu einem Leben als Prostituierte verurteilt wurde. Doch als man versuchte, sie abzuführen, war es, als sei sie im Boden festzementiert. Selbst die stärksten Wachen konnten sie nicht vom Fleck bewegen, weshalb der Statthalter schließlich anordnete, ein Feuer um sie herum aufzubauen. Als jedoch auch das Feuer sie nicht töten konnte, wurde sie erstochen. Durch ihren bemerkenswerten Mut und Glauben konnte Lucia an ihrer Entscheidung festhalten, Gott zu lieben.

Was ich von ihr gelernt habe? Mir wurde wichtig, dass es richtig ist, an meinen Überzeugungen festzuhalten, egal was andere Leute sagen und tun, um mich auf einen anderen Pfad zu locken – unabhängig von allen Konsequenzen.

Und das ist nicht der einzige Grund, weshalb Lucia mir wichtig geworden ist. Ihr Name ist lateinisch und bedeutet zu Deutsch „Licht". Da ich auf einem Auge blind bin und auf dem zweiten nur eingeschränkt sehen kann, ist mir das Licht besonders wichtig und ihr Leben ist ein Beispiel für mich, wie Gottes Licht auch in der tiefsten Dunkelheit leuchten kann.

WER INSPIRIERT DICH?

- Nenne drei Leute (die du persönlich kennst oder von denen du gehört hast; sie können auch bereits verstorben sein), deren Leben du inspirierend findest. Wenn dir einer deiner Eltern einfällt oder sogar beide, dann ist das super, aber dann solltest du insgesamt fünf Leute nennen.

....

....

....

- Schreibe noch einmal ihre Namen auf und dazu nun die Eigenschaften, in denen du ihnen am meisten nacheifern möchtest.

....

....

....

Mach dir anschließend Gedanken über deine Auswahl:
- Bewunderst du diese Personen aus verschiedenen Gründen oder haben sie alle dieselben, bewundernswerten Eigenschaften?

....

....

....

- Was hast du mit ihnen gemeinsam? Welche ihrer Eigenschaften wünschst du dir für dich selbst?

....

....

....

- Wenn jede der Personen unterschiedliche, bewundernswerte Eigenschaften hat, haben sie dann andere Gemeinsamkeiten, zum Beispiel Geschlecht, Alter, Einkommen, Beruf, Herkunft, Wohnort oder noch etwas anderes?

🖉 ....

....

....

- Was sagen die Dinge, die du nun aufgeschrieben hast, über dich aus?

🖉 ....

....

....

WARUM DIE HEILIGEN EINE ROLLE SPIELEN

In der katholischen Kirche ist ein sogenannter „Heiliger" eine verstorbene Person, von der die Kirche offiziell erklärt hat, dass sie im Himmel ist und von uns bewundert werden kann. Katholische Gläubige beten die Heiligen nicht an, sondern sie betrachten sie als Vorbilder für ihr eigenes Leben.

Viele Leute glauben, dass nur perfekte Menschen als Heilige infrage kommen, aber das stimmt nicht. Die meisten Heiligen waren in ihrem Leben auf der Erde alles andere als perfekt. Anders gesagt: Sie waren genau wie wir. Und obwohl sie jetzt tot sind – manche bereits seit sehr langer Zeit –, leben sie doch als Vorbilder weiter. Ihr Leben war einmalig und schön, dennoch hätten viele von ihnen wohl nie eine Beliebtheitsumfrage gewonnen.

Manche Katholiken betrachten die Heiligen als Begleiter auf ihrem Glaubensweg; für andere sind sie Schutzpatrone, die über ihnen wachen. So oder so sehen wir an den Heiligen, wie ihre Liebe zu Gott ihnen half, Schwierigkeiten zu meistern, und wie diese Liebe ihr Leben besser machte.

Sooft ich an die heilige Lucia denke, werde ich angespornt, meinen eigenen Weg zu gehen – unabhängig davon, was andere Leute zu den Entscheidungen sagen, die ich im Gebet getroffen habe. Lucias Mut und Kraft, mitten in der Gefahr, bezeugen ihren unerschütterlichen Glauben. Gemeinsam gehören wir zu Gottes Familie und ich bin dankbar, ihre Geschichte zu kennen.

Wenn du keinen Lieblingsheiligen hast, suche doch einfach mal im Internet oder in einer Bibliothek nach Heiligengeschichten. Bestimmt entdeckst du jemanden, der dich interessiert und dessen Leben dich inspiriert. Die Begleitung dieses Heiligen auf deinem Glaubensweg kann eine neue Dimension in dein Glaubensleben bringen.

Es gibt aber auch eine Menge Biografien von Menschen, die in ihrem Glaubensleben viel erlebt haben und uns dadurch ein Vorbild sein können. Dazu gehört zum Beispiel Jonie Eareckson-Tada, die seit einem Schwimmunfall gelähmt ist und der ihr Glaube durch so manche schwere Zeit hindurchgeholfen hat. Da ist Crystal Miller, die den Amoklauf in einer Schule überlebt hat und im Anschluss vielen entmutigten Menschen neuen Glaubensmut vermittelt hat. Oder hier in Deutschland Dietrich Bonhoeffer, der während des Nazi-Regimes fest zu seinem Glauben stand und dafür auch in den Tod gegangen ist.

Aber auch die vielen Menschen, die in der Bibel beschrieben werden, können uns für unseren Alltag inspirieren. Hierzu gibt es eine Menge Literatur, die uns die Menschen der Bibel näherbringt und uns ihren Alltag mit seinen Sorgen und Nöten und ihre Lebensumstände näher erklärt. Es ist faszinierend, was uns die Geschichten dieser Menschen auch noch nach vielen Hundert, ja sogar vielen Tausend Jahren zu sagen haben.

GLAUBENSVORBILDER IM ALLTAG

Ich habe das große Glück, oftmals vielen Zuhörern meine Geschichte erzählen zu dürfen. Wenn ich allerdings gefragt werde, was mein Lieblingspublikum ist, wird es schwierig. Denn wie soll ich eine Grundschule voller goldiger, witziger Kinder mit einer Führungskräfte-Konferenz vergleichen, in der lauter engagierte junge Menschen bereit sind, mit ihrem Leben anderen zu helfen?

In jedem meiner einstündigen Vorträge kann man normalerweise eine Stecknadel fallen hören, weil alle im Publikum sich so sehr auf das konzentrieren, was ich erzähle. Am Ende gebe ich immer die Möglichkeit, Fragen zu stellen; manche sind einfach zu beantworten, wie zum Beispiel die Frage nach meiner Lieblingsfarbe. Aber manche Fragen sind auch tief gehend, beispielsweise die Frage danach, wie ich all die negativen und schweren Erlebnisse habe aushalten können.

So begriff ich bereits nach meinen ersten Vorträgen sehr schnell, dass mich eine Menge an Kummer und Sorgen mit den Menschen in meinem Publikum verbindet, auch wenn sie nicht meine Krankheit haben. Meistens höre ich im Anschluss an meine Vorträge in den persönlichen Gesprächen mit meinen Zuhörern ganz individuelle Geschichten von Kampf und Belastung – jede Geschichte ist einzigartig und hat ihren eigenen Schmerz. Doch ich liebe diesen Teil meiner Vortragstermine ganz besonders, denn in ihm merke ich, dass sich meine Arbeit und mein Kampf gegen Mobbing und für die Ermutigung niedergeschlagener Menschen lohnt. In den wenigen Minuten, die mir oft nur für die einzelnen Gespräche bleiben, kann ich viele persönliche Kontakte zu meinen Zuhörern knüpfen.

Eine Veranstaltung ist mir ganz besonders in Erinnerung geblieben, denn nach ihr bat mich eine Lehrerin, mit zu ihren 15 Viertklässlern zu kommen, die gerne ein Foto mit mir machen würden. Sie alle wollten mich gerne persönlich treffen, mich einmal drücken und kurz mit mir reden. Während wir miteinander plauderten, brach eines der Mädchen plötzlich in Tränen aus und erzählte mir, dass die anderen sie oft wegen ihrer abstehenden Ohren hänselten. Es brach mir schier das Herz, denn solch eine Hänselei kann für jeden traumatisch sein, ganz besonders für ein Kind in ihrem Alter. Ich war richtig stolz, dass sie sich getraut hatte, dieses Thema anzusprechen, obwohl es sie so schmerzte.

Ich sprach mit ihr und die ganze Klasse hörte dabei aufmerksam zu. Auch andere Schüler erzählten, dass sie manchmal gehänselt würden. Es rührte mich zu Tränen, wie sie anschließend dem Mädchen versprachen, sie zu verteidigen, wenn sie wieder gehänselt werden sollte.

Genau wie beim Wetter gibt es auch in unserem Leben verschiedene Jahreszeiten. Dieses kleine Mädchen befand sich gerade in einer stürmischen Zeit, doch mithilfe ihrer Klassenkameraden und Freunde standen ihr sonnigere Zeiten bevor.

Ganz unabhängig von unserem Alter und unseren Lebensumständen ist unser Leben ständig im Aufbau. Und selbst wenn unser Lebensturm von manchen Stürmen heftig umtost werden sollte, so können wir ihn doch getrost weiterbauen, solange wir ein starkes Fundament haben.

Zum Nachdenken

- Wer ist dein Lieblingsheiliger, der bereits verstorben ist?
- Wer ist deine liebste Person in der Bibel?
- Wer gehört zu deiner ganz persönlichen Liste an Glaubensvorbildern in der Gegenwart?

Gebet zum Mitbeten

Lieber Gott,
die wichtigste Botschaft, die ich aus dem
Leben der Heiligen und Personen der Bibel
mitnehme, wenn ich von ihnen lese und
über sie nachdenke, ist ihr unendliches Ver-
trauen auf dich. Ihre Geschichten sind wun-
derbare Erinnerungsmomente für mich.
Deine Lizzie

KAPITEL 15

Deine Schönheit: du selbst

Er ist denen nahe, die zu ihm beten – allen, die aufrichtig zu ihm beten.

Psalm 145,18

Nachdem ich meine Erstkommunion und meine Firmung gefeiert und den dazugehörigen Religionsunterricht in der Sonntagsschule abgeschlossen hatte, entschied ich mich, selbst auch Religionslehrerin in der Sonntagsschule zu werden. Bei uns in den USA findet der Religionsunterricht nicht in der Schule statt, sondern er wird in den Gemeinden angeboten. So unterrichtete ich, zusammen mit zweien meiner besten Freundinnen, drei Jahre lang Religion für Zweitklässler. Das Ausarbeiten der Stunden und das Miterleben, wie die Kinder die Liebe Gottes kennenlernten, halfen mir selbst sehr, im Glauben zu wachsen. Außerdem machte es großen Spaß.

Ganz besonders liebte ich die Gebete zu Beginn und am Schluss der jeweiligen Stunden. Dabei standen wir immer im Kreis und fassten uns bei der Hand. Zu Beginn der Stunde beteten wir das Vaterunser und zum Abschluss, weil es eine katholische Gemeinde war, das Ave Maria. Für uns alle war es immer ein tolles Erlebnis, als ganze Gruppe gemeinsam zu beten.

Es war für mich ein großer Segen, dass Gott mir diese Gelegenheit schenkte, die Kinder zu unterrichten und ihn gemeinsam mit ihnen anzubeten. Ich bin dankbar für alle Erkenntnisse und Segnungen, die ich durch dieses Engagement empfangen habe. Ich durfte so viel lernen.

Es war uns wichtig, in jeder Unterrichtsstunde die Bedeutung des Gebets zu betonen. Denn wir wollten den Schülern deutlich machen, dass sie in guten wie in schlechten Zeiten beten können, ja eigentlich ständig im Gebet sein sollten und nicht nur dann, wenn Bruder oder Schwester sie gerade einmal bei den Eltern verpetzen wollen. Wir erklärten ihnen, dass wir mit Gott genau wie mit einem unserer Freunde reden können – mit einem guten Freund, der sich wirklich interessiert. Dazu gehören auch Dinge, die uns besonders freuen wie zum Beispiel, dass es in der Cafeteria Pizza gibt oder wir können ihm in der Pause für das schöne Wetter danken und dafür, dass wir sie nicht im Nieselregen draußen verbringen müssen. An dieser Stelle ernteten wir immer einen Lacher – denn wer hätte gedacht, dass man mit Gott auch über so ganz einfache und alltägliche Dinge reden kann.

ALLES FÜHRT UNS ZUM GEBET

Egal, wie alt du bist, die Kraft des Gebets kann dein Leben verändern. Diese Erkenntnis kam mir auf einer Freizeit mit Firmlingen. Ich war als Jugendleiterin dabei und wir alle sollten über den Segen in unserem Leben nachdenken. Ich weiß noch, dass ich es kaum fassen konnte, wie viel sich in meinem Leben durch das Gebet getan hatte. Leute, die ich noch nie gesehen habe, beten für mich um Heilung und Gesundheit. Das Gebet hat mich durch manche Tage getragen, an denen ich am liebsten im Bett geblieben wäre – Tage, an denen ich überarbeitet, gestresst, müde und rundherum genervt war.

Eines Nachmittags, als ich so richtig gestresst war, schlug mir meine Mama vor, ich solle einfach in mein Zimmer gehen, mein Handy und meinen Laptop ausschalten und mich hinlegen. Dieser Gedanke klang für mich damals total furchtbar, denn ohne Handy fühlte ich mich von der Welt komplett abgeschnitten. Ich war mir sicher, dass ich in diesem völlig vereinsamten Zustand einfach einschlafen würde und hielt den Vorschlag für die reinste Zeitverschwendung. Trotzdem ging ich darauf ein.

In der ersten halben Stunde dachte ich zunächst über all die Dinge nach, die ich stattdessen hätte tun können, alles, was ich noch rasch erledigen musste. Ich brauchte eine ganze Weile, um meine Gedanken von der Arbeit wegzulenken und mich auf das zu konzentrieren, was mich gerade in meinem tiefsten Inneren so stresste. Als ich schließlich an diesem Punkt angekommen war, fing ich an, zu weinen.

Ja, wenn man erst einmal so richtig weinen kann, lösen sich oftmals alle inneren Spannungen. Das war auch bei mir der Fall und ich fing an, zu beten und Gott um Hilfe zu bitten. Anschließend blieb ich einfach still sitzen und horchte auf das, was Gott mir zu sagen hatte. Mehrmals atmete ich ruhig tief ein und wieder aus und sprach mir dabei selbst zu, dass ich alles, was sich jetzt wie ein Berg vor mir auftürmte, schaffen würde. Ich musste einfach eine Sache nach der anderen angehen und winzige Schritte gehen.

Schon wieder hatte ich mir zu viele Gedanken über mein Aussehen gemacht und darüber, was die anderen von mir denken. Über diesen Gedanken hatte ich schließlich meine eigentlichen Ziele aus dem Blickfeld verloren. Ich war so ärgerlich auf Gott gewesen, dass ich nicht mehr gebetet, nicht mehr um seine Hilfe und Kraft gebeten hatte, um alles, was mich bewegte, zu bewältigen.

Noch immer habe ich manchmal das Gefühl, dass ich eine Powerfrau sein muss, die aus eigener Kraft allen helfen muss, die nur irgendwie Hilfe benötigen. Oder ich bringe mich selbst körperlich und emotional an meine Grenzen, weil ich all meine Probleme sofort lösen will. Durch solche Situationen habe ich jedoch Folgendes gelernt: Wenn ich an meinen Grenzen angelangt bin und nicht mehr weiterweiß, besteht die allerbeste Maßnahme, wieder aus dieser Situation herauszukommen, darin, alles, was ich krampfhaft festhalte, loszulassen und Gott machen zu lassen. Das Beste, was ich dann tun kann, ist, mein Vertrauen auf Gott zu setzen und ihn mehr zu lieben als alles andere.

Ich staune immer wieder über die Kraft des Glaubens, des Gebets und von Gottes Liebe in meinem Alltag. Mein Vollzeitstudium, die Motivationsvorträge und das Bücherschreiben sind für mich große Geschenke und ein wahrer Segen, aber damit habe ich auch richtig viel Arbeit am Hals. Obwohl ich nichts davon missen möchte, ist es oft stressig und kräftezehrend, all diese Aufgaben zu jonglieren.

Die verrückten Phasen kommen häufig schubweise. Dazwischen läuft zum Glück alles etwas ruhiger und ich kann mich auf mein Studium konzentrieren und meine Freundschaften pflegen. Doch wenn ich Anfragen für Interviews und Vorträge bekomme, habe ich manchmal das Gefühl, nicht mehr zur Ruhe zu kommen. Ich werde dann sehr leicht krank, denn mein Immunsystem funktioniert gerade in stressigen Zeiten besonders schlecht. Dann muss ich nur neben einer Person sitzen, die eine Erkältung hat, und schwups habe ich sie auch, und das, obwohl ich mir ständig die Hände wasche.

Wenn ich dann krank in meinem Bett liege, bemühe ich mich darum, mich von meinen negativen Gedanken nicht noch weiter runterziehen zu lassen. Vielmehr lasse ich mich innerlich von Gott berühren und bete darum, dass er mich wieder gesund macht. Ich nehme mir dann ganz bewusst die Zeiten der Ruhe und warte darauf, wieder gesund zu werden.

Ich kann euch allen nur wärmstens ans Herz legen, dass ihr wie ich euer Herz und euer Denken für Gottes Liebe öffnet – wir dürfen alle Sorgen, allen Schmerz, alle Trauer, jede Freude und unser ganzes Glück zu ihm bringen in der Gewissheit, dass er uns zuhört.

DEIN NÄCHSTER SCHRITT?

Jetzt kennst du meine Geschichte. Ich habe dir von meinen schlimmsten Stunden erzählt und wie ich diese mit Gottes Hilfe bewältigen konnte. Ich habe dir ein paar Hilfsmittel an die Hand gegeben, mit denen du in deinem Leben dasselbe tun kannst – mit Gottes Hilfe.

Wir alle kommen mit unseren individuellen Unterschieden zur Welt – mit Eigenschaften, die uns von allen anderen Menschen unterscheiden. Gott hat jeden von uns besonders gemacht. Er hat nicht einfach „kopieren" und „einfügen" gedrückt und es sich damit leicht und für uns langweilig gemacht. Schon seit deiner Geburt hast du den Auftrag und die Fähigkeit, anders zu werden als alle anderen. *Du bist einmalig.*

Von ganzem Herzen hoffe ich, dass dieses Buch dich von folgender Wahrheit überzeugt hat: Wenn du Gott liebst, ihm vertraust und deine Begabungen aufmerksam wahrnimmst, wirst du so, wie Gott es sich für dich ausgedacht hat.

Gib dich nicht mit einem mittelmäßigen Leben zufrieden. Lebe deine Schönheit! Sei du selbst!

Zum Nachdenken

- Du hast viel Liebe in dir!
- Du bist schön!
- Du darfst für so vieles dankbar sein!
- Wenn du ein Buch über dein Leben schreiben würdest, was wäre der Buchtitel?

Sieben Gebete
zum Mitbeten

Ich beende dieses Buch mit einem Gebet für jeden Wochentag. Du kannst sie als kleine tägliche Gebetsanregung nutzen oder wenn es dir mal schwer fällt, selbst die richtigen Worte zu finden. Ich bete jeden Tag für dich und hoffe, dass auch du für mich betest. Deine Lizzie

GEBET AM MONTAG

Lieber Herr Jesus, bitte führe mich durch diese Woche. Hilf mir, stark zu sein, wenn ich mich schwach fühle. Hilf mir, an jedem Tag jeden Augenblick zu genießen. Wenn ich die Hoffnung verliere, dann erinnere mich an das viele Gute in meinem Leben und erinnere mich daran, dass du immer bei mir bist. Amen.

GEBET AM DIENSTAG

Lieber himmlischer Vater, bitte schenke mir den Willen, mich auf meine wesentlichen Aufgaben zu konzentrieren. Hilf mir, standhaft zu bleiben und mich weder auf Lästern noch auf das Kommentieren und Bewerten in den vielen sozialen Netzwerken oder auf sonstige elektronische Ablenkungen einzulassen, die sich mir bieten. Schenke mir Durchblick und klare Gedanken, damit ich meine Ziele für diese Woche erreichen kann. Amen.

GEBET AM MITTWOCH

Lieber Herr Jesus, danke, dass du mich mit Kraft, Weisheit und Willenskraft ausstattest, um die Aufgaben zu bewältigen, die diese Woche vor mir liegen. Bitte gib mir immer wieder neuen Mut auf dem Weg durch die weitere Woche. Durch dich kann ich alles erreichen. Amen.

GEBET AM DONNERSTAG

Lieber himmlischer Vater, das Wochenende nähert sich. Bitte lass mich wachsam erkennen, was richtig und was falsch ist, und schenk mir Klarheit in meinen Entscheidungen. Ich freue mich auf die bevorstehenden Tage mit Ruhe und Entspannung. Ich bitte um Schutz für meine Lieben, dass sie das ganze Wochenende unter dem Schutz deiner liebenden Hände stehen. Amen.

GEBET AM FREITAG

Lieber himmlischer Vater, danke für deine unaufhörliche Führung, Liebe und Ermutigung in dieser Woche. Ganz besonders danke ich dir für deine Vergebung und dein Verständnis, wenn ich etwas falsch mache, Zweifel habe und negative Dinge tue. Ich bin dankbar für die Pause, die ich nun vom Stress und Druck der Woche habe. Amen.

GEBET AM SAMSTAG

Lieber Herr Jesus, bitte schenk mir Konzentration, um die Aufgaben noch zu erledigen, die ich in der Woche vor mir hergeschoben habe. Bitte hilf mir, mich auf meine Arbeit zu konzentrieren, damit ich anschließend die Zeit mit meinen Lieben richtig genießen kann. Ruf uns die Liebe zueinander ins Gedächtnis, und hilf uns, deine Segensgeschenke niemals als selbstverständlich zu betrachten. Das bitte ich dich durch unseren Herrn Jesus Christus. Amen.

GEBET AM SONNTAG

Lieber Herr Jesus, danke für die Höhen und Tiefen der vergangenen Woche. Ich möchte die guten und die schlechten Momente würdigen und aus allen etwas lernen. Bitte zeig mir meine Verbesserungsmöglichkeiten, damit die nächste Woche noch besser werden kann als die vergangene. Amen.

LIZZIES BIOGRAFIE

12. März 1989: Elisabeth „Lizzie"
Ann Velasquez wird geboren

Nachdem ihre Mutter aufgrund von Wehen ins Krankenhaus eingeliefert wird, wird festgestellt, dass Lizzie sich in Steißlage befindet und kein Fruchtwasser mehr vorhanden ist. Aus diesem Grund muss ein Kaiserschnitt vorgenommen werden und so erblickt sie mit einem Gewicht von knapp 1200 Gramm und einer Körperlänge von 53 cm das Licht der Welt. Damit ist sofort klar, dass mit ihr etwas nicht stimmt.

Die Ärzte nehmen zunächst an, dass sie über Monate auf der Frühgeborenenstation liegen muss, doch bereits nach 6 Wochen kann sie das Krankenhaus verlassen. Bereits in diesem zarten Alter zeigt sie ihren großen Lebenswillen und beweist, dass sie bereit ist, alle Hürden, die sich ihr in den Weg stellen, zu nehmen. Auch ihre Eltern haben diese Einstellung, denn gleich von ihrem ersten Lebenstag ist ihnen klar, dass Lizzie ein ganz besonderer Mensch ist, der nicht ohne Grund in ihre Familie hineingeboren wurde.

Mai 1989

Lizzie kann das Krankenhaus verlassen und kommt nach Hause. Zunächst müssen ihre Eltern sie vor dem Kontakt mit anderen Menschen schützen, weil ihr Immunsystem noch nicht richtig ausgeprägt ist, aber sobald sie stärker ist, nehmen sie sie überall mit hin. Der erste Ausflug ist ihre Taufe. Es folgen viele weitere Ausflüge in ihrem ersten Lebensjahr und natürlich wird die kleine Familie von Passanten angestarrt. Aber davon lassen sie sich nicht an ihrer Teilnahme am öffentlichen Leben hindern. Sie merken vielmehr, dass es Lizzie guttut, bei allen Treffen mit Freunden und der Familie dabei zu sein.

4. Juni 1991

Lizzie bekommt ihr erstes eigenes kleines Bett. Sie ist überglücklich, und auch ihre Eltern können es nicht fassen, dass sie sich so schnell daran gewöhnt.

Außerdem sorgen ihre Eltern dafür, dass sie regelmäßigen Kontakt mit anderen Kindern hat. Deshalb sind ihre Cousine Nikki und ihre Freundin Angelica fast täglich bei ihnen zu Hause. Auf diese Weise bekommt sie nicht das Gefühl, dass sie so ganz anders ist als alle anderen Kinder. Beide tragen dazu bei, dass sie eine fröhliche und ganz normale Kindheit hat.

1994 Kindergarten und Schulbeginn

Lizzie freut sich auf die Schule. Ihr Vater unterrichtet im selben Gebäude, weshalb ihr die Schule bereits bekannt ist und sie keine Angst davor hat. Ihre Eltern machen sich jedoch Sorgen wegen der zu erwartenden Reaktionen der anderen Kinder.

Die ersten Tage sind nicht einfach für Lizzie, weil die anderen Kinder den Kontakt mit ihr scheuen und sie fast so behandeln, als wäre sie ein Monster. Aber durch ihr offenes Wesen und die Hilfe ihrer Eltern verläuft die Grundschulzeit grundsätzlich gut, auch wenn natürlich andere Kinder sie immer wieder hänseln und ihr Schimpfnamen geben.

Grundsätzlich macht Lizzie das Lernen Spaß und trotz häufiger Fehlzeiten aufgrund von Infekten und Problemen mit ihren Augen kommt sie gut mit. Ihre Eltern merken auch weiterhin, dass die Zeit mit anderen Kindern Lizzie guttut, auch wenn sie außerhalb ihrer liebenden Familie immer wieder gemein behandelt wird. Ihre offene Persönlichkeit erleichtert es ihr, trotz aller Widrigkeiten Freunde zu finden, und diese Freundschaften aus der Grundschule halten bis heute. Sie sieht heute die Zeit in der Grundschule als den ersten Punkt, an dem sie dazu gezwungen wurde, sich mit ihrem Syndrom auseinanderzusetzen und aus ihrem Leben das Beste zu machen.

Weiterführende Schule

Diese Zeit ist nicht einfach für Lizzie, weil sich gerade in den Teeniejahren alles ums Aussehen und die Kleidung dreht. Weil

Lizzie für ihr Alter recht klein und sehr dünn ist, kann sie für sich nur schwer Kleider finden, die gerade auch von den angesagten Mädchen getragen werden. Dennoch gibt sie nicht auf und schafft es sogar, Mitglied bei den Cheerleadern zu werden. Sie übt sich darin, nicht auf ihre Schwierigkeiten fixiert zu sein, sondern sie als Möglichkeiten zu sehen, die sie stärker machen und ihr die Erfahrung geben, die sie später in ihren Vorträgen einsetzen kann.

Die Videos auf YouTube und das über „Die hässlichste Frau der Welt"

Als Lizzie die Videos auf YouTube entdeckt, in denen Menschen sich die Mühe gemacht haben, Fotos von ihr mit schmähenden und abwertenden Kommentaren zu versehen, ist sie zunächst am Boden zerstört und über die Maßen wütend. Sie kann es nicht fassen, dass Menschen, die sie überhaupt nicht kennen, so grausame Dinge über sie und ihre Familie in die Welt setzen konnten. Doch dann entscheidet sie sich, jede einzelne dieser Mails zum Anlass zu nehmen, sie Lügen strafen zu lehren, indem sie den Verfassern zeigt, was sie mit ihrem Leben und ihren Gaben erreichen kann.

Lizzie beschönigt jedoch nichts, denn es wäre sicher auch übermenschlich, hätte sie wegen der Videos nicht geweint und mit ihrem Leben gehadert. Auch hat es lange gedauert, bis sie in den Spiegel sehen konnte und das, was sie dort sah, auch wirklich mögen konnte. Natürlich gibt es immer noch Tage, an denen sie mit ihrem Aussehen nicht einverstanden ist, aber das ist im Grunde doch jede Frau.

Lizzies Krankheit

Seitdem Lizzie auf der Welt ist, versuchen unterschiedliche Ärzte herauszufinden, was die Ursache dafür ist, dass ihr Körper kein Fett verarbeiten kann und dass sich ihr Körpergewebe immer mehr verhärtet. In den vergangenen Jahren haben sich leider nicht nur diese Symptome eingestellt, sondern sie erblindete außerdem auf ihrem rechten Auge, hat Probleme mit ihrem Gehör und ihren Knochen und kann nicht zunehmen. Bis heute wiegt sie nicht mehr als 27 Kilogramm, also so viel wie ein Kind im vierten Schuljahr. Mittlerweile haben die Humangenetiker, von denen sie untersucht wurde, einen Namen für ihr Syndrom (De-Barsy-Syndrom), doch helfen können sie ihr nicht. Es gibt leider auch keine Prognose, wie lange sie leben wird. Dieser Fakt macht Lizzie jedoch keine Angst, ja sie denkt nicht einmal darüber nach. Im Gegenteil, sie möchte jeden Moment ihres Lebens nutzen, um in dieser Welt einen sinnvollen Beitrag zu leisten.

Lizzies Glaube

Der christliche Glaube ist seit ihrer frühesten Kindheit ein großer Teil von Lizzies Leben. Der Glaube, ihre Familie und ihre Freunde sind wie ein Schild, die ihr helfen, die Schwierigkeiten des Lebens abzuwehren. Diese drei Aspekte, die sie wie einen Kokon umgeben und ihr Sicherheit vermitteln, geben ihr auch die Kraft, vor vielen Menschen zu sprechen und sich gegen Mobbing und für die Schwachen der Gesellschaft einzusetzen. Ja, sie wird von ihrem Publikum wie ein Engel beschrieben, der die Botschaft von Liebe und Licht in diese Welt trägt. Sie selbst sieht sich nicht so, sondern vielmehr wie eine ganz normale junge Frau, doch sie freut sich darüber, dass sie anderen Menschen mit ihrer Botschaft weiterhelfen kann. Sie sagt ganz klar, dass vor allen Dingen ihr Glaube sie dahin gebracht hat, wo sie sich heute befindet.

Lizzies Zukunft

Ihren größten Berufswunsch hat sie sich bereits erfüllt, sie ist eine gefragte Rednerin zu den Themen Mobbing, Selbstannahme und über ihren christlichen Glauben. Sie war bereits Gast in vielen Fernsehsendungen und Talkshows und Rednerin auf der bekannten Internet-Plattform Ted-Talks, wo sie in einer Reihe mit Rednern wie Bill Clinton, Bono, Ben Affleck und Steve Jobs steht. Im Moment arbeitet sie an der Produktion eines Films zum Thema „Mobbing", in dem ihre persönliche Geschichte einen großen Anteil hat.

Verlagsgruppe Random House FSC® N001967
Das für dieses Buch verwendete FSC®-zertifizierte Papier Enso Classic 95
liefert Stora Enso, Finnland.

Sofern nicht anders vermerkt, sind die angegebenen Bibelstellen der „Gute
Nachricht Bibel" entnommen. © 1997 Deutsche Bibelgesellschaft, Stuttgart.

Weitere verwendete Übersetzungen:
Neues Leben. Die Bibel © 2002 und 2006 SCM R. Brockhaus im SCM-Verlag
GmbH & Co. KG, Witten (NL)
Hoffnung für alle © 1983, 1996, 2002 by Biblica Inc.™ (Hfa)

Die Verlagsgruppe Random House/Gerth Medien weist ausdrücklich darauf hin,
dass im Text enthaltene externe Links vom Verlag nur bis zum Zeitpunkt der
Buchveröffentlichung eingesehen werden konnten. Auf spätere Veränderungen
hat der Verlag keinerlei Einfluss. Eine Haftung des Verlags für externe Links ist
stets ausgeschlossen.

Die amerikanische Originalausgabe ist im Verlag
Liguori Publications, Liguori, Missouri 63057, USA erschienen
unter dem Titel „Be Beautiful, Be You".
© 2012 by Lizzie Velasquez
© der deutschen Ausgabe 2015 Gerth Medien GmbH, Asslar
in der Verlagsgruppe Random House, München

Best.-Nr. 817016
ISBN 978-3-95734-016-0
1. Auflage 2015

Umschlagfoto: Ryan Towe, www.ryantowephotography.com
Umschlaggestaltung: Björn Steffens
Satz: Greiner & Reichel, Köln
Druck und Verarbeitung: GGP Media GmbH, Pößneck
Printed in Germany